中国历史

这就是

上古时代至西周

从神话到历史

何孝荣　主编

化学工业出版社

·北京·

图书在版编目（CIP）数据

这就是中国历史.上古时代至西周：从神话到历史 /
何孝荣主编. —北京：化学工业出版社，2020.6（2024.2重印）
　　ISBN 978-7-122-36415-9

　　Ⅰ.①这…　Ⅱ.①何…　Ⅲ.①中国历史-古代史-少儿
读物　Ⅳ.① K209

　　中国版本图书馆CIP数据核字（2020）第039778号

责任编辑：丁尚林　马羚玮　　　　　　　　　　　装帧设计：尹琳琳
责任校对：刘　颖

出版发行：化学工业出版社（北京市东城区青年湖南街13号　邮政编码100011）
印　　装：涿州市般润文化传播有限公司
787mm×1092mm　1/16　印张12　字数177千字　　2024年2月北京第1版第9次印刷

购书咨询：010-64518888　　　　　　　售后服务：010-64518899
网　　址：http://www.cip.com.cn
凡购买本书，如有缺损质量问题，本社销售中心负责调换。

定　　价：39.80元　　　　　　　　　　　　　　　版权所有　违者必究

目录

历史是这样的

我们人类真是女娲娘娘造出来的吗？

人类是如何一步步走到今天的呢？

古时候的人们是怎么生活的呢？

如果你有过这些疑问和思考，那么非常欢迎你和我们一起推开远古历史的大门。

我们中华文明有着五千年悠久的历史，其中有很多有趣的故事，也有很多前人总结出来的经验和智慧。

学习这些历史不仅可以拓宽我们的视野，丰富我们的知识面，还能使我们更加明事理。

唐太宗曾说过："以史为镜，可以知兴替。"

哲学家培根也曾说过："读史可以使人明智。"

为了方便小读者们了解真实的历史脉络，对历史产生兴趣，我们联合了众多历史学者特意编撰了这本《这就是中国历史——上古时代至西周》，见证中华文明从神话到历史的变迁。

悠悠太古

是谁开辟了天地？万物是谁创造的？我们人类又是从哪里来的呢？

我们的祖先生活在这些巨大的问号之下，好奇的他们会给出怎样的答案呢？这还要从创世神话说起。

盘古说："我开辟了天地，创造了世间万物。"

女娲说："我用黄泥造人，构建了人类社会。"

共工说："不好意思，我撞倒了不周山……"

女娲说："我是人类的母亲，我不补天谁补天？"

神农说："我始尝百草，拯救苍生！"

● 知识链接

早期人类文明

中国是人类文明发祥地之一，考古专家相继在这里发现了大量人类早期文明遗迹，例如云南元谋人遗址、陕西蓝田人遗址、北京周口店的北京人遗址。

 ## 盘古开天辟地

相传在很久很久以前，天和地还没有被开辟出来，整个宇宙混沌一团，就像一颗巨大的鸡蛋，到处都黑漆漆、黏糊糊的。里面沉睡着一个叫盘古的人，他已经足足沉睡了一万八千年。

一天，他苏醒过来，发现周围一片漆黑，并被紧紧束缚住，完全动弹不得。他觉得十分烦躁，于是想起身活动活动。

他拔下了一颗牙齿，把牙齿变成了一把斧头。他把斧头拿起来，用力一挥，由于斧头威力巨大，"轰"的一声，"鸡蛋壳"就被劈开了。

"鸡蛋清"一直向上飘，最后慢慢散开，化成了我们头顶的青天；而"鸡蛋黄"则与"鸡蛋清"

◆ 知识链接

盘古

古书《三五历记》记载："天地混沌如鸡子，盘古生其中，万八千岁，天地开辟，阳清为天，阴浊为地，盘古在其中，一日九变，神于天，圣于地，天日高一丈，地日厚一丈，盘古日长一丈，如此万八千岁，天数极高，地数极深，盘古极长。"

呈相反的方向，一路向下沉，最后逐渐凝结成了我们脚下的大地。

当天和地都形成了之后，盘古又开始担心天和地会重新合在一起，那样世间就又回归了黑暗。于是，他两脚踏地，双手举向天空支撑着天，就这样笔直地站立在天地之中。

在他的支撑下，天每日都升高一丈，地则每日都加厚一丈，盘古也随着天地的变化每日长高。

日复一日，如此这般过了一万八千年。

天变得极高，高得让人不可攀登；地变得极厚，厚得使人难以测量。天和地再也不能粘连在一起了。

而此时的盘古也早已筋疲力尽了，他缓缓地躺了下来，慢慢地合上了双眼，此后再也没有醒过来。

盘古去世后，他的身躯慢慢有了变化，竟化成了世间万物：

他的左眼变成了照耀大地的太阳，他的右眼则成了高悬夜空的月亮，他的头发化成了满天的星星；

他的血液变为了奔腾不息的江河，他的筋脉深入土地，变为了一条条道路，他的肌肉化成了沃土，他的皮肤与汗毛成了花草树木；

他的牙齿与骨头变成了金属玉石，他的四肢与躯干成了四极五岳；

他呼出的最后一口气成了吹拂世间的清风；

他撑天时流下的汗水悉数化为滋润万物的

▲ 北京人头部复原像

雨水甘露。

　　盘古是伟大的，他牺牲了自己，以自身之力创造了世间万物。不过那时，人类还未诞生，造人的故事与我们下面要提到的女娲娘娘有着密不可分的关联。

▼ 女娲造人

在我国神话中，女娲使用黄土创造人类。在西方，虽然远隔千山万水，但是他们也流传着用泥土造人的神话。《圣经》中说："上帝用地上的尘土造人，用生气吹进他的鼻孔里，创造出了有灵的活人，给他起名为亚当。"由此可见，东西方的神话也有某些共性。

用黄土捏成的小人很快就学会了走路

女娲捏出了一个个小泥人

女娲的身体像蛇，她一天能变化七十多次

女娲造人

盘古死后，又过了很久很久，一位叫女娲（wā）的上古女神诞生了。

传说中，女娲长着和人类一样的脸庞，却长着蛇一般的身躯，她法术高强，一天内能变化七十多次。

一天，女娲外出散步，走着走着来到了奔腾的黄河边。疲倦的她坐在河边休息，由于身边没有和她一样的生命，她感到非常孤独，希望能有像她一样的同伴在身边。

她朝河水看去，正好看见了河水中自己的倒影，便随手抓起了地上的一把黄土，用手捏起来。没过多久，她捏出了一个泥娃娃，将其放在地上。

神奇的事情发生了，女娲娘娘捏出的小娃娃一落地，竟变成了活的！小娃娃在地上蹦蹦跳跳，对着女娲不停地叫"妈妈"。

眼前的一幕让女娲又惊又喜，于是，她又捏了一些泥娃娃。不一会儿，女娲的身边就出现了一群小娃娃。

这些小娃娃一直围着女娲，唱唱跳跳，

还不断笑着喊着"妈妈、妈妈",热闹非常。女娲高兴极了。

女娲想给这些可爱的小娃娃们取个名字,她看这些小娃娃都可以直立着在地上行走,就给他们取名叫"人"。"人"正是直立行走的意思,由此,小娃娃们有了自己的名字——人类诞生了。

给人类取好名字后,女娲担心他们孤独寂寞,又继续地捏啊捏啊,大地上的人就变得多了起来。

女娲这样不停地捏着,感觉有些累了,但她还想捏出更多小娃娃,于是她灵机一动,想出了一个好办法:她从旁边的山崖上扯下了一根藤条,将藤条伸进黄河里,带起了一部分泥浆,然后又提起藤条用力向着地面一甩。果不其然,溅落在地面上的小泥点也都变成了一个个活蹦乱跳的人。

用这种省力的方法,女娲又造了很多小娃娃。没过多久,大地上就布满了人类的踪迹。

人多了之后,女娲又用智慧将人分成男女两性,这样,男人和女人就可以婚配,一起生儿育女。女娲也赋予了人类爱怜孩子的天性,人类开始担负起创造后代子孙的责任。从此以后,人类便繁衍生息,代代相传,直到今日。

▼ 人类进化过程

　　女娲造人是我们祖先想象出来的神话故事。至于真正的人类起源,目前普遍认同的说法是人类由古猿进化而来。下图展现的就是古猿到人的进化过程。

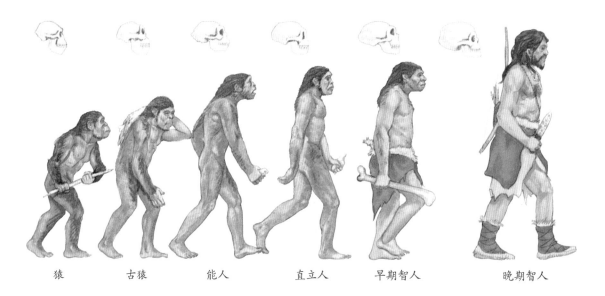

| 猿 | 古猿 | 能人 | 直立人 | 早期智人 | 晚期智人 |

女娲补天

女娲创造出的人类在大地上不断地繁衍生息，快乐幸福地生活着。直到有一年，水神共工和火神祝融两位神仙，因为争执打了起来。他们两位互不相让，从天上一路打到地上。最终，火神祝融战胜了水神共工。

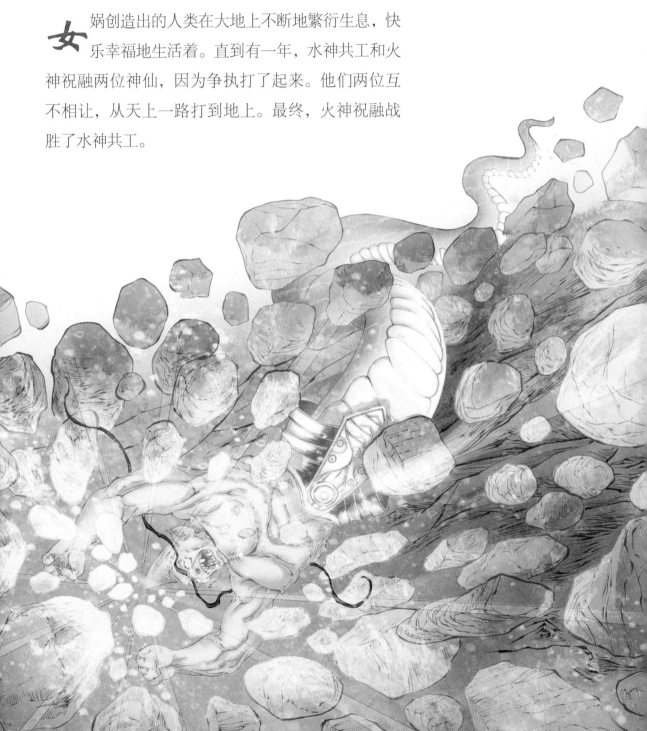

共工失败后，觉得非常懊恼，自认没有脸面生存在世间了，一时想不开，一头撞到了不周山上。这一撞，导致了一场天大的祸事。不周山其实是矗立在西北方的柱子，一直起着撑天的作用，被水神共工一撞，柱子"轰"一声巨响就断了。

半边天空塌了下来，原本晴朗的天瞬时出现了一个大窟窿，更糟糕的是，天河里的水也顺着这个窟窿开始流向人间，大地很快就变成了一片汪洋。

随之而来的，还有从山林里窜出的大批恶鸟猛兽，它们趁此机会，东冲西撞，不断害人，多重灾难下，人类已经快要无法生存下去了。

女娲娘娘看见眼前的一幕幕，不忍心让她造的孩子们承受如此大的灾难，十分忧心，为了拯救人类，不再让人们受苦受难，她想要尽快把天补上。

她先到大江大河里挑出了各色各样的石子，然后架起了火焰，将采集的各种石子熔在一起，炼成了一块块五彩石。

随后，她飞到天上，拿炼好的五色石，用尽全力将天上的窟窿一点点补好。

补好天之后，女娲又担心天可能会再次崩塌，于是又杀了一只大乌龟，把它的四条腿砍了下来，以作为支撑天的四只柱子，分别立在大地的四方。

忙完这些后，她又看到地上有一条黑龙，正在逞凶，为祸人间，女娲赶去杀了它，又赶走其他的恶鸟和猛兽，彻底将人类从危难中解救了出来。

在女娲的一番辛苦后，大地终于恢复了往日欣欣向荣的景象，人类可以继续快乐地生活了。

伏羲创造八卦

古籍《列子》记载说，中国西北方有一个神仙国度，名为华胥氏国。华胥氏国路途遥远，一般人根本找不到。华胥氏国里的人都向往着平静幸福，没有什么欲望和嗜好，讲求顺其自然，因此人们的寿命都很长，生活过得美满而安宁。

有传言说，华胥国的人都拥有超人的能力，比如可以在空中行走，或是能够轻而易举地翻山越岭，或是落入水中淹不死，或是不怕烈火焚烧，还有的人可以看到千里之外的地方，或是能听到最细微轻小的声音……

上古神仙伏羲（xī）就是华胥氏国人。据传，伏羲的母亲一般被人们唤作"华胥氏之女"，有一天，她在一个叫雷泽的地方游玩，地上

人们开始饲养野兽

有一只大脚印，她看到后觉得非常新奇，就站上去踩了踩。结果她刚踩上去，就觉得身体有一些变化，她回来后过了一段时间发现自己竟怀孕了，她生下的孩子便是伏羲。

今天看来，这传说当然不是真的，但这个故事却反映出了母系氏族社会的一个显著特点：人们只知道自己的母亲而不知道自己的父亲。

由于伏羲有着不一般的神仙血统，所以他出生时就有着超人的神力。他的智力和体力也都不同于一般凡人，因为他常常能做到别人做不到的事情，很快，他就成了华胥族的族长。

当时的社会还处于狩猎采集时期，人们没有稳定的食物来源，靠每天外出打猎来获取食物，如果当

织网捕鱼

学会保留火种

天天气不好，运气不佳，抓不到猎物，就只能空手而归，忍受饥饿之苦。就算是捕鱼，人们依靠手或用渔叉来抓鱼，也非常不容易，一般情况下即便忙碌一整天也只能抓到几条鱼，有时甚至一条都抓不到。

作为族长，伏羲不愿看到族人们捕鱼如此费时费力，就一直思考有没有解决这个问题的好办法。

有一天，伏羲看到一只蜘蛛正在结网捕食猎物，这一幕给了他很大的启发，他顿时想到可以像蜘蛛一样用结网的方式来捕鱼，这样会大大方便捕鱼者，也会提高捕获量。于是伏羲就开始尝试像蛛网那样，把绳子用交叉的方式编织起来，织成了渔网。他把这种捕鱼工具推广开来，亲自教习人们用网来捕鱼，这一下显著地提高了族人捕鱼的效率。

除了创造并推广了新的捕鱼方式外，伏羲还有一大贡献就是他创造了"八卦"。有一日，伏羲正坐在高台之上静思，他感受到了耳边来自东南西北各个方向的风，顿有所悟，随手画下了"八卦"图，他用八种各不相同的符号，代表了自然界里八种不同的事物。八卦图对后世影响极其深远，传承至今，人们常常利用八卦的原理去认识、解释世间万物的演化规律。

还有另外一种说法认为伏羲就是太昊氏，由于他才智出众，所以被天帝提拔成了东方的天帝。

伏羲成为东方天帝后，选拔任命了一大批德才兼备的人作为自己的助手，其中有一位官员名叫句（gōu）芒，分管着农业。传说中，句芒有着鸟面人身，他为人认真严谨，一丝不苟。每逢春至，句芒就乘着两条龙，东飞西跑，以催促人们及时耕地播种，提醒人们千万不要错过播种的季节。他还常常手里拿着圆规和标尺，到民间丈量土地，帮助人们规划田亩。他的贡献极大，因此民间将句芒视为春天的使者，并尊奉他为春神。

伏羲的贡献还远不止于此，他还凭借自己的智慧制定了历法、节气，使人们可以按照不同节气分别种植五谷。他和他的妹妹还一起发明了琴瑟等传统乐器，并创作了许多歌曲。他也教会了人们如何采集天然火种，以烤熟食物。总体来看，伏羲带领当时的人们过上了幸福的生活，他的贡献至今为人们津津乐道。

燧人氏钻木取火

在遥远的史前时代，人类还处于原始蒙昧的"童年期"，并不知道如何利用火，因此，那时的人们只能吃生冷的植物、果实，或是生吞活剥林中的野兽、河里的鱼虾，今天，我们把这种生活方式称作"茹毛饮血"。

我们可以想象原始人的生活情景：一个雷阵雨的日子里，天上不断传出"轰隆"声，树林里传出野兽的吼叫声，云层间不断有闪电划过。原始人听到雷电声、野兽的吼叫声，只能无助地躲在山洞里瑟缩着，不敢走出洞口。这时，一道闪电刚好劈在了一棵高大的树木上，树木被雷劈得拦腰而断，同时又被雷火点着燃烧起来。

这场恐怖的森林大火过后，一些不幸被烈火烧死的野兽开始散发出诱人的香味。几个原始人在

香味的诱惑下努力压住内心的恐慌，慢慢地向被烧死的野兽走过去。此时，还有零星没有熄灭的余火，在这样的环境里，他们感到了火带来的前所未有的温暖与力量。大着胆子，他们撕下了那些被烧熟的野兽的肉，吃了起来。烤熟的肉的味道是他们从未体会过的，熟肉比生肉好吃多了。

这次事情过后，原始人知道了火的好处。他们开始思考，如果没有雷电恰好击中树木，那要怎么才能获得火种呢？毕竟雷电击中树木是小概率事件。

有一天晚上，一个年轻人睡着后进入梦乡，在梦中，他看到了伏羲，伏羲告诉他："在燧（suì）明国，你可以找到火种，得到火种后，不需要雷电电击树木，也可以获得持续的火焰。若想找到燧明国，只需要一直往北走。"年轻人梦醒后，就按照梦中伏羲所说，一直向北方走去。走了很久很久，他终于到了燧明国。

燧明国里种植着数不尽的参天大树，大树的树枝互相扭曲盘旋，遮天蔽日，一眼望不到头，年轻人来回寻找，却没有发现他要找的火种，失望之下，他就地躺在了一棵树下休息。

刚躺下，他突然看到了一丝光亮，耳边还传来了嘟嘟的声音，他起身，顺着那丝光亮走过去，发现有一只鸟正在啄前方的一棵燧木，鸟儿长着短而硬的嘴巴，它每啄一下，燧木就会迸出一丝火星，这不正是他苦苦寻找的火种吗！

年轻人见此情景，脑中灵光一现，他于是折下

▲ 敲击燧石取火

◆ 知识链接 ◆

北京人遗址

北京人遗址位于北京西南周口店。

1929 年，中国考古学家裴文中在这里发掘出一个完整的北京人头盖骨化石，立刻轰动了全世界。

北京人生活在大约距今 70 万至 20 万年前，还保留了猿的某些特征，会使用打制石器和天然的火，过着群居的生活。

了几根燧枝，用手敲击燧枝，果然，树枝上出现了火星。但遗憾的是，这些零星的火星太微小，不能聚成火苗。年轻人并不气馁，他又拿手中的小树枝去钻大树枝，功夫不负有心人，树枝上终于冒起了烟，继而有火苗出现。看到这一幕，年轻人激动得落泪了。

年轻人并没有将这一发现据为己有，之后，他四处奔走，向人们不断传授着这种钻木取火的方法，为人们带去了温暖和力量。

获得了火之后，人们可以将生冷的食物变成香喷喷的熟食，也可以用火驱赶凶猛的野兽，在寒冷的夜里更是可以生火取暖。原始人们纷纷被这个年轻人的勇气、智慧和无私奉献的精神所折服，于是都推举他作为首领，并尊称他为"燧人

钻木取火是用木棒摩擦木头产生的高温引燃火绒取火，这需要超强的专注力，并有足够的耐心

氏"，即取火者之意。

燧人氏去世后，人们又尊称他为"燧皇"。

今天，人们仍然可以到河南商丘一带的燧皇陵纪念燧人氏，每年，全国都会有许多人到这里朝拜，致敬这位伟大的教会人们取火的古代使者。

▲ 神农氏采药图

神农氏尝百草

传说，上古时期有一个部落首领叫做神农氏，他被人们尊为农业之祖、医药之祖和音乐之祖，他曾经为中华文明做出了不可磨灭的贡献。

神农氏有着奇特的相貌，他身材瘦削，肚子是透明的，故而体内的五脏六腑都清晰可见。据传，他出生于姜水河畔。

神农氏得益于他的奇特样貌，拥有一个神奇的本领：如果他吃下有毒的食物，他的内脏就会变成黑色。所以他可以轻而易举地知道什么食物可以吃，什么食物则是有毒不可以吃。

上古时期，人们生活方式落后，一般都是依靠打猎获取食物，但狩猎获取的食物十分有限，随着人口逐渐增多，人们能够狩猎捕获的猎物也逐渐减少。这时，仅依靠打猎难以活下去，必须要同时种植粮食作物，这样人们才能有可靠的食物来源。

但是种植粮食也绝非易事，世上植物多种多样，有的食物可以吃，有的食物则不能食用，如果食用了有毒的植物，就会导致人吃了送命，因此，必须要判断出植物是否有毒。

神农氏作为部落首领，他站了出来，决定要帮人们解决这个难题，辨别植物。他听闻南面有座大山，山上到处是奇花异草，于是，他率领一部分臣民，从部落聚居地出发，向南方的这座大山走去。

他们一行人走啊走，一直过了七七四十九天，终于到了这个地方。入眼处，是一峰接一峰的高山，一条连着一条的峡谷，山上确实长满了奇花异草，虽相隔尚远却仍可闻到香气。

神农氏一行人正接着往前走时，突然有一群狼从峡谷窜了出来，上前把他们密不透风地围了起来。神农氏见此情景，急忙让他的臣民们挥舞着神鞭，向野兽们打去，谁料，接连打了七天七夜，才把这群野狼赶跑。

他的臣民们认为此处太险恶，纷纷劝神农氏就此回去，放弃尝百草。神农氏却坚定地摇了摇头说："我们不能放弃！如果我们回去了，百姓们就会忍饥挨饿，

人们用木棒、石头打猎

用藤条制作的绳子，既是生产工具，又可用于捕猎

当时猛兽非常多，与人类争夺生存空间

人们用尖锐的石头
制作武器和工具

病了也不知道用什么植物才能医治，
我们背负着他们的期望，怎么可以回去
呢！"他一边说，一边带着大家进了峡谷，走
到了一座大山的脚下。

只见这座山一半截插在云彩里，山的四面都像被刀切过的崖面一样，山崖上
有处瀑布，瀑布周围生长着青苔，看起来溜光水滑的，如果没有梯子，肯定无法
攀爬上去。神农氏的臣民们见此，又纷纷劝神农氏放弃。

神农氏再次摇头拒绝了。正在这时，他看见有几只猴子正顺着几枝高悬垂下
的古藤和一些横倒在山崖腰上的朽木爬了过来。神农氏顿时有了灵感！他将臣民
们喊了过来，让他们砍掉木杆，割下藤条，然后将这些东西靠在山崖边搭成了架子，
就这样一天向上搭一层，不停不歇，直到持续了一年的时间，搭到了第三百六十
层时，终于搭到了山顶。

神农氏就此成功地带着臣民，攀上了山顶。此时，他们看到满山都是花草的

世界，红色的、绿色的、白色的、黄色的，各色各样的植物密密丛丛。神农氏亲自采摘周围的花草，并一一放到嘴里尝。

白天，神农氏就领着臣民们上山摘尝百草，到了晚上，他就让臣民生起篝火，在火光下把白天尝过的植物详细地记载下来：注明哪些草是苦的，哪些是热性的，哪些是凉性的，哪些可以用来充饥，哪些是有毒不能食用的，哪些则可以成为医病的良药等。

为了尝百草，他在这里一共待了七七四十九天，走遍了这里的每一处地方。正是他的辛勤付出，才辨别出稻子、小米、黄米、豆子、桑麻等植物，可以让人们用来果腹充饥，蔽体御寒。他让臣民把这些植物的种子带了回去，并在黎民百姓中推广种植，这五样植物就是后来被人们所熟知的五谷。

除此之外，他还尝出了三百六十五种草药，并根据试尝结果，写成了《神农本草经》一书，让臣民带了回去，以医治生了病的百姓。令人遗憾的是，神农氏后来在尝断肠草时，因这种植物毒性太大，导致无药可治，中毒而死。

后世的人们为了纪念神农尝百草的伟大功绩，就将这片山林命名为"神农架"。

其实，神农是许许多多勇于探索的先民的化身，正是他们辛勤、无畏、牺牲自我的探索，才有了农业和医药。

闯关小测试

1. 古代神话中，主管草木萌发的神是（　　）

　　A. 皋陶　　B. 句芒　　C. 帝俊　　D. 女娲

2. 伏羲诞生于哪一国？（　　）

　　A. 华胥氏国　　B. 燧明国　　C. 有穷国

3. 《精卫填海》的故事出自哪本古书？（　　）

　　A. 《史记》　　B. 《淮南子》　　C. 《山海经》　　D. 《搜神记》

参考答案：1.B　2.A　3.C

文明初始

在文明初始阶段，中华大地上并没有一个统一的国家，而是有许多氏族和部落，每个部落都有自己的首领。

著名的部落首领有黄帝和炎帝，他们属于华夏部落联盟；有战神蚩尤和神箭手后羿，他们属于东夷部落联盟。华夏部落联盟、东夷部落联盟还有苗蛮部落联盟最终融合成了华夏族。

▲ 黄帝陵

黄帝陵位于陕西省黄陵县城北桥山，号称"中华第一陵"，是历代帝王祭祀黄帝的场所。

 ## 黄帝战蚩尤

大约在五千年前，西北黄土高原一带的人民形成了两个大的部落，一个是黄帝部落，另一个是炎帝部落。据记载，黄帝姓姬，又被称为有熊氏或轩辕氏；炎帝则姓姜，又被人们称为神农氏。这两个部落自古友好，有着亲戚关系，各自部落遇到重大的事情时，常常互相商量解决。

关于黄帝的出生，一直流传着一则神话。据说，有一日，黄帝的母亲在野外时，看到有一条耀眼的闪电绕过北斗星，心头一惊，紧接着她的肚子感觉到震动了一下，不想回去没多久就怀孕了，过了二十四个月，她生下了一个男孩儿。小男孩生得十分漂亮，前额高高隆起，好像太阳悬在空中，连眉骨也是高耸的。更难得的是，孩子十分聪明，在两个多月的时候就可以开口说话，到了六七岁的时候，他更是显示出了出众的才华，并且通晓事理。二十岁时，他不仅有教养，对人宽厚友爱，更难得的是具有明辨是非的能力，且考虑问题也非常周到细致。

黄帝出众的才能也使他具有了很高的威望，人们将他推选为部族首领。在他的带领下，人们不再过着游猎的生活，而是学会修盖房屋，驯化家畜，种植五谷。就这样，黄帝部落成功地在黄河流域一带定居下来。相传黄帝还造出了车和船，方便人们的通行。根据这些传说可以推测，大约在黄帝时期，人们已经进入了一个文明的生活时代。

创制了船和车

黄帝教会人
们修盖房屋

　　黄帝部族逐渐过上文明生活的同时，炎帝也带领炎帝部落进行了迁徙，在今天的河南省一带定居，这里处于黄河中游地带，土地肥沃。

　　但随着炎帝部落的迁徙，新的矛盾出现了，原先黄河中游已经有九黎部落在那里生息繁衍，新部落的到来，注定两者之间必有一争，双方展开了战斗，最终炎帝被打败了。无奈之下，炎帝带领着他的族人，继续向北迁移，来到了黄帝部落的所在地。

　　炎帝部落的到来，并没有受到黄帝部落的欢迎，双方在阪泉一地打了一仗。炎帝再次战败。战败后，炎帝没有直接离开，而是跟黄帝商量将两个部落合并成

一个，黄帝同意了。于是，两个部落合并成了一个部落联盟，新的部落由黄帝担任部落首领，炎帝则为副首领，新部落更名为炎黄部落。

而曾经打败过炎帝部落的九黎部落，在首领蚩尤的带领下，战斗力不断提升，这个部落不时前去骚扰炎黄部落的人民。黄帝为人宽厚，并不想与其发生战斗冲突，所以多次和蚩尤进行谈判，希望两个部落可以友好共处，但是蚩尤为人自负、好武，仍然纵容自己部落的人骚扰黄帝部落的百姓。无奈之下，黄帝选择应战，与蚩尤在涿鹿（今天的河北涿鹿）进行了一场大战。

这场战争格外激烈。蚩尤带领自己的八十一个兄弟氏族参加作战，他们个个都有着猛兽身躯，可以说是铜头铁额，打仗时威风凛凛，勇猛异常。据说，他们以砂石为食，可以不休息连续作战，而且还不需要起火做饭。当时的九黎部落还掌握了炼铜技术，生产了许多铜制兵器，这些兵器比石刀石斧有更大的威力。

但是黄帝领导的炎黄部落也不甘示弱，勇猛善战，传说中黄帝本人可以驱使豺狼虎豹。

作战前，黄帝调集了军队，让大将应龙带领先锋部队先行出阵迎战。应龙与蚩尤的部队在涿鹿刚一碰面，就开始了激烈的战斗，双方打得难分难解，战场上到处都是嘶吼声、兵器撞击声，一时天昏地暗。

渐渐地，黄帝一方处于下风，快要支持不住了，于是他精心准备的秘密武器派上了用场——他放出了久经驯养的猛兽部队。一只只虎豹熊罴（pí）发出怒吼，张牙舞爪地向蚩尤部队扑了上去，这些野兽们见人就咬。

蚩尤的士兵见到眼前的这一幕，顿时吓得魂飞魄散，他们丢盔弃甲，乱作一团，再也无心战斗了，纷纷为保命而四处逃窜。

蚩尤看到情况不妙，慌张之下请来了风伯与雨师助阵，一时间，狂风大作，天空暗了下来，难以辨别战况，瓢泼大雨倾盆而下，黄帝的部队也难以继续进攻。

情急之下，黄帝也上天求助，请来了一名叫魃（bá）的仙女。只见那仙女作法拨开了云雾，狂风骤雨瞬间就停了。黄帝抓住良机，命令部队继续发起进攻，蚩尤部队难以抵挡，几乎全军覆灭。

眼见大势已去，蚩尤想要脱身逃跑，先锋应龙识破，立刻上前追赶，一直将

在中国文化中，龙是帝王的象征，所以帝王的服饰和车辆上多有龙的图案

传说中，龙有鳞，身体能变大，也能缩小，可以飞上天，也可以潜到海底，具有超凡的本领

经过驯化的猛兽被用在战场上

蚩尤追到了凶犁之丘中。他手起刀落，将蚩尤的脑袋砍了下来，力道之大导致其飞了好远。

　　这次战争后，人们对黄帝更加尊崇了，黄帝的威望达到了前所未有的高度，周围的各个部落都对他十分敬佩，大家一致拥戴他成为部落联盟的首领。

这场战斗被人们称为涿（zhuō）鹿大战，有关它的传说给今天的人们研究远古历史提供了重要线索，这个传说使今人明白，中华民族是在部落与部落、部落与自然的艰苦斗争中，才逐步发展成形的。

◆ **知识链接** ◆

部落联盟

在原始社会末期，多个部落出于战争或生存的需要，结成的联盟组织，就是部落联盟。传说中的黄帝同蚩尤作战时，有熊、罴、貔、貅、虎等猛兽参战，其实是以这些猛兽做图腾命名的氏族部落参战。部落联盟的首领由各个部落共同推举出来，不是真正的"帝"或"国王"，更不是皇帝。

愤怒的刑天

刑天，据传是炎黄时代的一个巨人，此人精通音律，能够写诗作曲，多才多艺，而且武艺高强，身强体壮。

刑天原名并不叫"刑天"，而是因为他和黄帝争夺天下失败，被黄帝砍下脑袋，才有了这个名字"刑天"。"刑天"其实是"砍头"的意思。那么他为什么被黄帝砍掉脑袋呢？

▶ **指南车复原模型**

传说黄帝在与蚩尤作战时，蚩尤降下大雾，使得黄帝率领的部队无法辨明方向，于是黄帝造了指南车，为士兵指明方向，并用指南车给士兵带路。

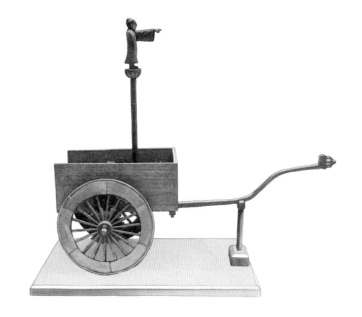

原来，刑天本是炎帝手下的大臣，他文武双全，智力远超他人，是个不可多得的人才，因此很受炎帝重用。

在刑天小的时候，他就展露出了非凡的文艺才华，曾经为炎帝作过乐曲《扶犁》，以及诗歌《丰收》，这些诗歌都歌颂了当时在炎帝统治下人民幸福快乐的生活情景。在部落内，他的作品广为流传。

后来炎帝与黄帝作战时战败，成了黄帝的手下。炎帝自知自己斗不过黄帝，于是忍气吞声，绝了与黄帝斗争的心思。但是炎帝的子孙和曾经的众大臣们却不服黄帝，心存不甘，一直想把自己部落失去的东西再夺回来，其中就包括刑天。

有一天，刑天瞒着炎帝，偷偷离开自己南方的小天庭，向黄帝的中央天庭而去，并向黄帝发起了挑战。他左手拿着盾牌，右手举着一柄大斧，一路厮杀，过关斩将，将大门劈开，杀向了黄帝的宫殿。

此时，黄帝正在殿中饮酒，看到刑天不请自来，想要刺杀自己，就拔出宝剑与刑天搏斗起来。

他们两个人都使出了全力，两人斗得天昏地暗，日月无光。战斗异常激烈，他们从宫内打到了宫外，又一路从天庭杀到了凡间，一直打到了常羊山附近。

常羊山是炎帝的出生地，常羊山向北走，就是黄帝的故里轩辕国。轩辕国的人都有着人脸蛇身，能够把尾巴缠到自己的头顶上。

刑天虽然勇猛善战，但黄帝也是久经沙场的老

戚

干

▲ 刑天舞干戚

◆ 知识链接

刑天舞干戚

　　东晋诗人陶渊明在《读山海经》的诗中提到："刑天舞干戚，猛志固常在。"这句诗是在赞美刑天的勇猛。"干"的意思是盾牌，"戚"的意思就是斧头。

将，并不示弱，加之黄帝又有九天玄女传授的兵法和宝剑，刑天并没有占到什么便宜，反而黄帝逐渐占了上风。

黄帝瞅准机会，将宝剑砍向了刑天的脖颈。只听"喀嚓"一声巨大的响声，巨人刑天的巨大头颅飞了出去，滚落在常羊山的脚下。

失去头颅后，刑天无法再用眼睛看东西了，因此也不能继续战斗，于是他放下武器，在地上到处寻找头颅。

黄帝见后，担心刑天找到头颅后会继续跟他打个不停，于是奋力举起宝剑向常羊山劈了下去。"轰隆隆"一声巨响，常羊山就这样被劈开了，大地上出现一道深不见底的缝隙。

刑天的头颅顺着滚入了缝隙中，随后，被劈开的常羊山竟然又渐渐地合拢了起来，没有留下一丝痕迹。刑天的头颅被埋进了大山之中，再也找不到了。

刑天听到了动静，知道头颅找不回来了，他再也不能打败黄帝了。于是，他停止了寻找，呆呆地站着，宛如一座沉默的火山。

没过多久，刑天像火山爆发了一般，突然躁动起来，他不甘心就此失败，于是仍然拿着盾和大斧，向黄帝挥舞而去，势要与黄帝决战到底！他虽然失去了头颅，却并没有丧失斗志。

暴躁之下，他裸露上身，将两乳当做眼睛，并从乳眼里喷出了熊熊的复仇火焰；同时又把肚脐当做嘴巴，从脐口里怒吼表达自己的愤怒诅咒。

就这样，他的身躯变成了新的头颅，他的斗志更高了。

黄帝看到刑天竟然比之前更加勇猛，一方面感到了慌乱，一方面也不禁发自肺腑地佩服这位失败的英雄。他不想再继续战斗下去了，于是悄悄回到了天庭。

据说，之后有人还曾在常羊山上看见刑天，他仍然在不断地挥舞着兵器，想要与黄帝继续战斗。

常羊山通常指神话传说
中埋葬刑天头颅的地方，
即今甘肃陇南西和县仇
池山

刑天虽然勇猛，但智谋
不如黄帝

仓颉造字

相传，黄帝有一位著名的大臣名叫仓颉（jié），他负责记录部落每天发生的事情，是史官，又被人们称"史皇氏"。

仓颉刚出生时，脑袋就比一般人要大许多，像一个大漏斗一样，他有着一张宽大的脸，更与一般人不同的是，他有四只眼睛，额头上的眼睛和铜铃一般大小，甚至可以看到千里之外的细小东西。

平时，仓颉主要负责统计部落圈里牲口的数目、粮食储存多少、大小祭祀鬼神的次数以及狩猎的分配情况等。他为人聪颖，做事也尽心尽责。但随着记录的东西越来越多，他发现仅凭自己的脑袋很难记下所有的数据。但当时还没有文字，更没有今天我们常见的纸和笔，怎么解决这个问题呢？

仓颉被这个问题困扰着，日思夜想，他终于想出了一个好办法。

他利用绳子记事。他用各种不同颜色的绳子，代表不同的牲口、食物，然后又用绳子打的结的数量来代表每种东西的数目。但这种办法在使用一段时间后，发现并不方便。原因是增加数目只需在绳子上打个结就可以了，而当数目减少时，要想在绳子上解结就非常麻烦了，于是，他只能继续思考其他的办法。

▲ 猪纹陶钵

传说仓颉长了四只眼睛

有一天，他恰巧看见天上有一只凤凰飞来，凤凰的嘴里叼着的一件东西掉了下来，仓颉走上前拾起来，发现上面有一个蹄印，但是他却辨认不出这是什么野兽的蹄印。于是，他就向附近的一位猎人请教。猎人由于常年打猎，能够辨别不同的兽类蹄印，所以猎人一看便知。这次巧合的经历对仓颉启发很大，他开始思考能不能根据万事万物不同的特征，创造出"字"，使人们像猎人辨别野兽蹄印一样，一看便知道意思。比如："日"字，就像太阳的形状一样；"月"字则很像月牙儿的样子；"人"字看上去就如同一个人的侧影。

仓颉成功了，他通过造出的字，将部落发生的大大小小的事情，记录得一清二楚。

黄帝听说仓颉创造了文字的事情后，对他大加赞赏，还让他将他造的文字推广给各个部落，慢慢地，这些文字的用法就在人群中传播开了。人们用仓颉发明的文字来记录身边发生的事情，文字给人们带来了便利。

事实上，"仓颉造字"只是一个传说。汉字很难仅凭仓颉一个人创造出来，历史上，文字是由许许多多像仓颉这样的人慢慢创造、丰富起来的，仓颉可能更大的贡献是对汉字进行了整理和规范，他是文字创造的集大成者。像燧人氏、神农氏也是这种情况，他们其实并不是一个具体的人，而是人类文明进步的代表与缩影。

汉字的出现，是中华民族文明史上的一个里程碑，它标志着中国历史开始了文字记载的时代。文字对文化历史的进程起到了至关重要的推进作用。

文字未发明之前，人们用结绳记事

▲ 结绳记事

 颛顼和帝喾

颛项（zhuān xū）是黄帝的孙子，又被人们称为高阳氏。他的母亲是女枢，相传有一次，女枢看见有瑶光之星穿过月亮，天空中划过了一道彩虹般的轨迹，没想到看完后有了身孕，过了一段时间就生下了颛顼。

颛顼在小的时候就显示出了过人的聪明才智，他成年后，做了北方的天帝。当时的黄帝年事已高，他看到自己的孙子非常有才干，就一心想好好栽培他，让颛顼成为接班人，因此也经常找机会让颛顼代替他执政。

黄帝去世后，颛顼开始了自己的执政生涯，他一上台，就命令手下天神"重"和"黎"将天和地之间的通道截断了，由此断绝了天神和凡人的往来。

尽管盘古在开天辟地的时候，就将天和地分隔开来，使两者相距九万里，只能遥遥相望，但天与地之间还有天梯相连，普通人可以沿着天梯一步一步登天，而天上的神仙也可以通过天梯到人间。

然而颛顼却认为，神和人没有界限，总是混居在一起，是一件弊多利少的事情，于是他就让重、黎二神把天地间的通路彻底断绝，这样凡间的人就不能再随便上天，而天上的神仙也不能再轻易地下地了。

天神重和黎按照颛顼的命令行事，他们各伸出一只巨大的手臂，一个使劲地把天向上托举，使天更高，另一个则用力把地向下按，使地变得更低。

在他们两人的努力下，原本相隔还不算太远的天地，分离得更远了。天和地之间的通道被截断后，神仙由于拥有法力，偶尔还可以私下凡间，但是地上的凡人却没有能力再到天上去了。

天地彻底分开后，颛顼又安排天神重专门负责管理天，而命令天神黎到地上去专门管理地。

颛顼死后，他的位置由他的侄子帝喾（kù）继任。

▲ 仓圣鸟迹书碑

陕西白水县仓颉庙里，有一块《仓圣鸟迹书碑》，黑色的石头上刻着28个古怪的符号，相传这就是仓颉当年所造象形文字的本形。

在上古时代，音乐和文字一样，都是非常伟大的发明创造，在传说中，许多有名的神或帝王都在音乐方面有很高造诣，做出过贡献，帝喾正是其中一位。

据传，帝喾曾经派他的臣子咸黑进行乐曲创作，还安排专人制作出了鼙（pí）、鼓、钟、磬、管、埙等各种乐器。这些人可以用创作出来的乐器演奏出美妙而庄严的乐曲，传闻就连神鸟凤凰听到他们演奏的乐曲都会翩翩起舞。

很久以前，人们就发明了各种乐器

磬

鼓

管

埙

帝尧的传说

帝喾之后的下一位部落联盟首领是尧，他也是一位具有传奇色彩的人物。尧姓伊祁（qí），名放勋，号陶唐氏，因此也被人们尊称唐尧。他为人以仁德著称，他的事迹也一直被人们传诵。

传说，帝尧是一个生活朴素、非常节俭的人，他自己住的房子是茅草堆起来的，房子里面的屋梁和家具也非常简单，甚至没有经过刨光、上漆。他平时吃饭使用的也都是土盆土碗，三餐也不讲究，通常都是喝野菜汤，吃糙米饭，身上穿的衣服也都是粗布制成，冬天天冷也只是多加一块鹿皮而已。

作为部落联盟的首领，帝尧非常关心他的臣民，他的子民里如果有人不能吃饱饭，帝尧一定会做自我检讨说："是我的过失，使他忍受饥饿。"同样，如果他的子民里有人穿不上衣服，帝尧也会自责说："是我做得不够好，让他落到忍受寒冷的地步。"在有人犯罪的时候，帝尧仍会检讨说："我太治理无方了，让他没有向善，而是陷入了罪恶的泥潭。"

帝尧是一个会自查自省的人，他格外注意听取百姓的声音，希望百姓能畅所欲言地指出他的过错，提出更好的改进意见，因此，他在自家的门前摆放了一张大鼓，还立了一根柱子。任何人对他有意见，都可以到他的门前去敲鼓，帝尧听见鼓声就会赶出来，站在柱子旁边，听百姓指出他的过失，并说出自己的意见。

帝尧认真听取百姓的意见，有错误会立刻虚心改正。

今天我们可能觉得帝尧是一个这么难得的好首领，那时人们的生活一定很幸福吧。但遗憾的是，帝尧的统治时期，恰好处于天灾不断的时间段内，这些自然灾害一直严重地威胁着当时百姓的生命。

比如，当时长年干旱，庄稼缺水，大地上寸草不生，帝尧为此焦头烂额，带

领着百姓们兴修水利，才逐渐存有水源，解决了部分干旱的问题。

　　但干旱的问题才解决，大水灾又出现了，这一场水灾一直持续了二十二年之久，尽管在水灾刚出现时，帝尧就派大臣鲧（gǔn）治理，但是鲧对于治水并没有天赋，他负责治水多年，却仍然没有治理好，直到大禹出现，这场大水灾才最终被根治。

　　大禹治水的故事我们后面还会详细讲到。

 # 后羿射日

传说，天神帝俊的妻子羲和怀孕后，与常人不同，数不清过了多少年才生下孩子，且这一生就是十个儿子。这十个儿子的长相也十分怪异，不同于其他天神或是凡人：他们有着像乌鸦一样的身体，更奇特的是他们还长着三只脚，全身还被一团火焰包围，这些火焰能够发出炽烈的光和热。

这十个儿子就是十个太阳。

这十个太阳诞生之时，地上正是帝尧的统治时期。帝俊给他的儿子们安排了值班，让他们分成十班，他们每天轮流在天空当值，照耀大地，给大地送去光明，给人们送去温暖。每当太阳要升起的时候，羲和就会驾驶着黄金做成的太阳车护送她的一个孩子去值班，其他的九个太阳则休息，一天过去，当值的太阳回来了，第二天另一个太阳才能升空。

就这样，十个太阳轮流值班，一直没出什么问题。直到有一天，十个太阳突发奇想，希望可以一起在天空当值，而不是一个人无聊地当值。

于是，这十个太阳就约好一起出现在了天空。它们太过炙热了，大地的气温骤然升了起来，地上的人们以及其他动物植物都难以承受十个太阳同时散发的热量。十个太阳就是十个火团，大地都被烤焦了，森林里的树木都被点燃了，许多植物被烧成

尧时十日并出，草木焦枯，尧命羿射十日，中其九日，日中九乌皆死，堕其羽翼，故留其一日也。

——《楚辞章句》

黄金做成的专车

太阳的十个儿子

灰烬，甚至一些动物也被烧死了。其余没有被烧死的动物也暴躁起来，在人群中到处流窜。江河湖海逐渐干涸了，水中的鱼虾等各种水生生物也都濒临死亡，水中的一些怪物找不到吃的，就爬上岸找食物。由于缺水，很多人和动物也都渴死了。大地上的农作物和果园被烤枯了，整个世界一片慌乱……

部落联盟的首领帝尧看见人民遭受了如此大的灾难，坐立难安，忧心忡忡。他不愿再放任情况继续发展下去，便想办法拯救人民。

帝尧希望可以通过祭祀来平息灾难，于是按照传统的祭祀仪式，让人将一个名叫女丑的女巫作为献祭品，送到高山顶上，使其被太阳暴晒。同时，他又举行了一场盛大的祭祀仪式，向上天祷告，恳求十个太阳不要一齐出来，天上可以降下甘露，润泽土地，拯救生灵。但是，女巫都被晒死了，天空上却仍然高悬着十个太阳，烈日当空，连一丝云彩都看不到，更不用说是有雨星了。

眼看祭祀并没有起到任何作用，帝尧更加忧心如焚了，走投无路之下他亲自到天庭向帝俊求告，希望帝俊可以管管他的十个儿子，不让他们一同出现在天空，从而拯救生灵。其实，帝俊早就知道他的儿子们时常闯祸，也曾多次规劝、警告，但他的儿子们都性格顽皮，根本不把父亲的话当真，也从来没有约束过自己的行为。帝俊在听帝尧讲清事情之后，犹豫再三，决定把这件事情交给大神后羿来

▼ 先秦奇书《山海经》

《山海经》是中国古代的一部奇书。书中主要记述民间传说、地理、民族、宗教等内容。我们熟悉的如夸父逐日、女娲补天、精卫填海、大禹治水等远古神话，都出自这本奇书。

十个太阳悬在高空，
炙烤着女巫

处理。他令手下找来后羿，对他说："现在十个太阳一同出现在天上，导致大地被炙烤，猛兽横行，祸害人间，百姓民不聊生，我要派你去凡间为民除害，拯救苍生。"

后羿为人正直，非常善良，有一颗仁慈之心，他听闻这件事情后，早就对十个太阳的行为感到非常不满，于是没有托辞，马上接受了任务。

后羿有着超强的射箭本领。临行前，帝俊特意赐给后羿一把红色的神弓，还配有十支神箭，仔细嘱咐他要严惩十个太阳，但是又不能伤害他们的性命，只要将他们赶回去就行。

后羿领命后，与妻子嫦娥一同到了凡间。入眼处大地上都是焦木，土地都干裂了，被烤死的人和动物的尸骨随处可见，有少数幸存的人，都伏在地上奄奄一息，撑不了多长时间了。简直是人间炼狱，后羿看到这个场景非常气恼。

来不及休息，后羿赶忙登上一座高山，对着天上的十个太阳大喊道："我奉帝俊之命，为民除害。你们十个人只能留一个在天上值班，其余的九个必须马上回到汤谷！"

"哈哈哈！"天上的十个太阳不仅没有按照后羿说的去做，甚至还狂笑起来，"你是哪里冒出来的？竟然敢命令我们？我们的父亲就是天神帝俊，你难道不知道吗？简直可笑！"

十个太阳一边说着，一边还喷射出了猛烈的火焰，后羿和嫦娥在烈火的熏烤下，喉咙都要冒烟了，几乎要昏过去。后羿看无法劝说十个太阳，于是张开弓箭，瞄准太阳说："你们不听命令，再继续胡作非为，我要把你们射下来了！"

嫦娥心头一惊，连忙拉住后羿说："他们都是帝俊的亲生儿子啊！帝俊如此宠爱他们，你可千万不能误伤了他们！我们只要吓唬吓唬他们，让他们回去就行啦！"十个太阳听到了嫦娥的话，不屑地说："就凭你们还想吓唬吓唬我们？让我们回去？简直是痴人说梦！今天哪怕是帝俊亲自来这里，我们也不会听他的命令的！"

"如此看来，你们是执意不听劝阻，要违背天命，继续祸害人间了吗？"后羿喊道。

"我们就要如此！关你何事！"十个太阳丝毫没有意识到自己的错误，又是一阵狂笑，甚至还在空中翻起了跟头，向着大地继续喷射火焰。

事情已经到了刻不容缓的地步，如果再任由他们继续下去，人间将生灵涂炭。于是后羿顾不得帝俊的嘱咐，只能开弓瞄准了其中一个太阳，他用力将箭射了出去，只听"嗖"的一声响，白色的神箭直直地向天空飞去，像一道闪电。顷刻间，一个太阳从天上落了下来，摔倒在地上，有大胆的人们上前围

每个太阳里住着一只三足乌鸦

了上去，看到地上躺着一只三足乌鸦。

其余的九个太阳看到他们的兄弟被后羿射了下来，顿时一齐向站在地上的后羿飞扑过来，并吼叫道："后羿！你竟然真的敢杀我们！射死了我们的兄弟，我们跟你拼命！我们要烧死你，烧死这里所有的生命！"后羿见此情景，飞速地取出箭来，又连续射了许多箭。随着一声声箭响，天上又有一个接一个的太阳落了下来，天空中闪现着火光，这些三足乌鸦的羽毛纷纷飘落到地上。

这时，帝俊也来到了凡间，他看到自己九个儿子都已经被后羿射死，天空中只剩下最后一个太阳了，担心后羿将最后一个太阳也射下，导致大地从此没有阳光和温暖，于是连忙拿走了后羿的最后一支箭，并藏了起来。后羿想要继续射日时，发现没有箭了，才收手。

最后剩下的太阳见识了后羿的厉害，吓得魂不附体，认识到了自己的错误，赶忙跪在后羿和帝俊的面前，祈求他们饶过自己。

后羿说："你保证今后不再危害凡间，洗心革面，我就答应饶你一命。"

太阳跪在地上，连连点头答应。以后，他每日认认真真地值班，早上从东方升起，晚上到了时间就从西边落下，给大地送去温暖和光亮，再不敢利用自己的职权危害人间了。

嫦娥奔月

帝俊看到后羿一口气射死了他九个儿子后，非常气恼，盛怒之下，就把后羿除去了神籍，罚他到人间受苦。

嫦娥作为后羿的妻子，原本是想跟着他一起享福，但没想到后羿竟然被天帝厌弃，又被贬到了人间，她自己也跟着后羿一同被赶出了天宫。于是非常生气，有情绪就往后羿身上撒。

后羿明白嫦娥一直娇生惯养，没有受过这般委屈，完全是因为自己的缘故才受到牵连，跟着自己一起被贬出天宫，他内心有愧，觉得对不起嫦娥。因此不论嫦娥怎么对他撒气埋怨，他也不跟嫦娥计较，反而尽力去安慰她。

一天，后羿从外面打猎回来，嫦娥见到他又絮叨了一番过往的事情，然后说道："我想起来之前在天宫的时候，听说西王母有一种长生药，吃了之后可以长生不老，与神仙一样，你赶快去求求她，弄几颗来吃。"

"好啊，不过你知道西王母在哪里吗？"后羿随口答应着。

"她在昆仑山，那里虽然距离我们遥远，但你前去跑一趟，也花费不了多少时间。"

"好吧，既然你知道西王母有这样的灵药，我就去找她要来给你吃。"

嫦娥听了，终于高兴了起来。之后，她除了多次催促着让后羿早早收拾，准备动身，没再向后羿说其他抱怨的话。

第二天一早，后羿就动身了，他凭借着自己的神力和坚定的意志，一路上克服了许多困难，克服了水与火的包围，终于登上昆仑山的山顶，成功地进入了西王母的宫门，见到了嫦娥所说的西王母。

西王母对凡间的事情有所耳闻，她知道后羿之前以一己之力为人间除了大害，故而对他非常赞赏，敬佩他的勇气和无私的精神，同时也对他现在的处境表示同情。她明白后羿前来的原因后，就拿出了长生药，说道："这长生药是我采摘了不死树之果，又经过提炼制成的。不死树的果实非常珍贵，这棵树每三千年才开一次化，三千年只结一次果。我把这些药给你，如果一个人吃，就可以直接升天；如果是两个人分吃，那么就不能升天了，但是两个人都可以长生不老。"后羿听了西王母的话，非常高兴，他拿着长生灵药，兴冲冲地往回走，打算回家和嫦娥分吃。

后羿到了家，就赶忙将灵药拿给嫦娥，说道："我取来了长生药，现在你该满意了吧？我看明天是个好日子，明天我们就分吃了长生药。"随后，他还把西王母的话原原本本地告诉了嫦娥，说是这长生药一个人吃了可以直接升天，两个人分吃，就都可以长生不老。

后羿讲完后，由于来回奔跑，非常疲累，他连饭都没吃，水也没喝，坐着坐着竟睡着了。

后羿睡着后，嫦娥一直思考后羿刚才对她说的话——一个人吃，就可以升天重返天界；两个人吃了，只能长生不老。嫦娥顿时想起了曾经在天宫生活的日子，天宫中有仙女起舞，乐官奏乐，还有专门负责做饭的厨人，等等。她不禁感慨叹气，说道："凡间的生活再好，也比不上天宫啊！"

这样想着，嫦娥的手就不由自主地向长生药包伸去。碰到了那包药，她内心挣扎起来，纠结要不要返回天宫。她扭头又看了看后羿，发现后羿已经彻底睡熟了。

在古代神话中，西王母是至高无上的女神

"我到底该怎么选择呢？是回到天宫，还是和后羿继续留在人间？"嫦娥拿不定主意，内心挣扎着。她在屋子里转来转去，反复思量，最后她终于说服了自己，打定主意，将后羿取回来的药包拿了出来，然后毅然决然地打开药包，将长生药送入了口中。长生药入口有着甜甜的、凉凉的触感，她把药咽了下去，走出了房间，外面洒满了月辉，空中有一轮圆圆的明月。嫦娥觉得自己的身体变得很轻，一抬脚就飞了起来，但是她没有想好自己要做什么，只是不由自主地越升越高……

"我能去哪里呢？"嫦娥内心挣扎着。如果自己直接回天宫肯定是不妥当的，因为没有人替她说好话，天帝不会原谅她之前的过错，其他的天神也会嘲笑她。

越思考嫦娥内心就越乱，她拿不定主意。她飞得越来越高，远离了地面，她向前一看，发现自己到了月宫附近。

桂树

玉兔捣药

她突然想到：既然其他的地方自己不能去，那不如就先到月宫中居住几天再想办法吧。

于是，她打定了主意，向着月宫奔去。

嫦娥进入了月宫，这里又叫广寒宫。她发现广寒宫虽然外表看上去富丽堂皇，但是里面却十分冷清。她在广寒宫里边走边看，发现这里只有一只白兔、一只蟾蜍和一棵桂树，此外，再也没有其他的生命了。当时，吴刚也还未被罚到月宫里砍树。广寒宫这般冷清寂寥，是嫦娥从未想到过的。她看着眼前的场景，感到异常失落，既灰心又懊悔。此刻，她多么想自己从未吃下长生药飞到天上呀，她希望能够回到人间和丈夫一起生活，但是，一切都来不及了！从此以后，嫦娥就一个人孤孤单单地居住在月宫里，与白兔为伴，成了月宫里的神仙。

尧舜禅让

尧是一个传奇人物，他年轻时就成为部落联盟的首领，开始治理天下，在位时间很久。突然有一日，他觉得自己已经年老力衰了，于是想要找一个合格的接班人。

帝尧有一子，名叫丹朱，帝尧的大臣们知道了尧想要寻找接班人的想法，就都推荐帝尧传位给丹朱。但是帝尧却认为自己的儿子丹朱为人凶横顽劣，不堪大任，因此并不想把天下交给他来治理。为了寻找合适的接班人，帝尧向天下发出公告，让人们推荐自己身边贤能的人。

过了一段时间，有人向帝

▼ 许由洗耳的故事

据说尧觉得自己年纪大了，想把位子传给一位叫许由的贤人，可是许由这个人很清高，认为把位子传给他简直是对他的侮辱，听尧说完，立刻跑到山下的颍水边去洗耳朵。

许由有一个叫巢父的朋友比许由还清高。看到许由在洗耳朵，就对他说："你弄脏了这河里的水，我的小牛都没法喝了。"说完，牵着牛到上游去了。

尧推荐了虞舜。虞舜是冀州人，姓姚，名重华。舜的成长环境并不好，他的父亲为人糊涂透顶，被人们叫做瞽（gǔ）叟（意即瞎老头儿）。舜的生母在舜小的时候就去世了，他的后母心肠很坏，对舜非常不好。他的后母还生了一个男孩，名叫象，象生性傲慢无理，但瞽叟却很宠爱他。舜生活在这样的环境里，但仍然尊重父母，待弟弟也十分友善。所以，周围的人都觉得舜是个品德端正的人。

尧了解了舜的情况后很高兴，但慎重起见，还是要对舜进行考察。于是，他把自己的两个女儿娥皇和女英一起嫁给了舜，还出资为舜修建了粮仓，并分给他很多牛羊。舜的后母和弟弟看到了这一切，十分妒忌他，于是和瞽叟一起用计，想要暗害舜，以谋取钱财。

有一回，瞽叟让舜爬到粮仓顶上去修补粮仓。但是当舜刚爬到仓顶时，瞽叟竟然将粮仓下面点了火，企图将舜活活烧死。舜在仓顶上看到着火了，急忙找梯子下来，但梯子却已经被人拿走，不知去向。幸运的是，舜随身携带了两顶用来遮太阳的笠帽。情急之下，他将笠帽拿着，像鸟张翅膀一样从粮仓上跳了下来。

见计谋没有成功，瞽叟和象并不死心，他们又想出了新的办法，让舜去淘井。但当舜跳到井下后，瞽叟和象就向井下投下一块块大石头，想要把舜砸死，或者把他埋在井下，活活闷死。但让他们意想不到的是，舜下井后，就在井边另掘了一个孔道，顺着新凿的孔道钻了出来，平安地回家了。

▼ 孝感动天

　　传说舜多次受到父亲、继母和同父异母弟弟的迫害，但是舜还是对父母十分孝顺，对弟弟非常慈爱，他的孝行感动了上天，因此舜去历山耕田种地时，有大象跑来替他拉犁，小鸟飞来帮他除草。

大象帮助舜耕地

象在井上看不到井下，还以为舜早已被闷死在井下，于是得意洋洋地和父亲回到了家里，还跟瞽叟说："哥哥肯定已经死在井下了，这个主意是我出的。我们回去后就可以把哥哥的财产分了。"他脚步轻快地向舜的屋子走去，刚进门发现，舜完好无损，正坐在床边弹琴呢。象大吃一惊，但又不好

表现出来，只能很不好意思地说："哥啊！我刚刚正在想着你呢。你说你挖井挖这么长时间也不上来，都快把我急死了呢！我非常担心你！"

舜看到弟弟的反应，也装得对他和父亲的计谋毫不知情，只说："你来了正好，我正在烦心事情多，想要找你帮我一起处理呢。"此后，舜毫不介意弟弟和父母对他所做的事情，仍然跟过去一样，每天和和气气地对待他的父母和弟弟，但是瞽叟和象却再也不敢暗中谋害舜了。

尧通过长时间的考察，认为舜的的确确是一个品德端正、良善又能干的人，

皋陶审案是公正的，被告原告，有罪无罪，他能分得一清二楚，这都归功于一头名叫"獬豸"（xiè zhì）的神兽

夔（kuí）为乐正，主管音律，据说他一击磬，百兽就会随着他的节奏跳舞

于是心甘情愿地把首领的位子让给了舜，这种行为被称为"禅（shàn）让"。事实上，在氏族公社时期，很多的部落首领老了，也会采用选举的办法，让人们推选新的首领，通过禅让的方式传递首领之位。

因为舜为人开朗贤明，因此人们非常爱戴他，很多有才能的人愿意归附他。舜治理天下期间，出了很多杰出的大臣，他们各司其职。比如乐正夔，为人极具音乐天赋，他非常善于击磬（一种打击乐器），传闻他每次击磬时，就会吸引百兽随着他打击的节奏跳舞。他也擅长创作乐曲，他创

契（xiè）为司马，主管军事

倕（chuí）为工师，主管建造

后稷（jì）是农师，主管农业

作出的乐曲《大章》，曲子温柔而平和，具有感化人心的力量，他时常演奏该曲，用音乐来安抚人心，使天下都太平起来。

帝舜时期，还有一个著名的臣子，叫皋陶，他专门负责管理审案。据说他脸色发青，不怒自威，十分威严，单看外表就知道他处事铁面无私。传闻他还长着鸟一样的嘴，十分诚信。

皋陶审案极其公正，被告原告，谁有罪谁无罪，他能一眼看穿，这也要归功于他身边一头名叫"獬豸"的神兽。据传，獬豸外表看上去像羊一样，但只有一只角，当人与人之间有争端的时候，獬豸能立刻辨别出理亏的一方，并且上去用角顶他，它的判断从来不会出错。在神兽的帮助下，皋陶回回断案如神。

大禹治水

如果我们去看世界各地的神话，会发现几乎所有的神话都记载了远古时期的一场大洪水。

在古巴比伦神话中写着："一场洪水伴随着风暴降临，洪水席卷了大地，只一个夜晚，就几乎淹没了地上的高山，人们拼命地往更高的山上爬去，仅有少数本来就居住在山上的和幸运逃到山上的人存活了下来。"

在《圣经》里也有类似的记载，传说上帝看不过在世间作恶的人类，想要惩罚这些心术不正的人，就降下了一场大洪水，让洪水吞噬他们。最后世间仅有诺亚和他的家人们得到了上帝的赦免，他们一家人按照上帝的指示，在洪水到来之前造出了诺亚方舟，登上了舟才躲过一劫。因此，在西方文化里，洪水并不是自然灾害，而是人祸，当人类有罪时，上帝就会降下洪水，惩罚作恶之人，洪水意即上天的惩罚。

在中国神话故事中，又是怎么描写大洪水的呢？

传说尧担任部落联盟首领的时候，曾爆发过多次自然灾害，其中就包括一场大水灾，这场水灾一发就持续了二十二年之久，地上的人们苦不堪言。尧也为此日夜忧心，他不断下令寻找能治水之人。当时，他的很多大臣与四方部落的首领都举荐了鲧。尧本来对鲧的能力和品行并不认可，他说："鲧为人不诚信，他违背上命，背弃家族的人，此人不能重用。"

但其他部落的首领们都说："尽管他存在一些问题，但目前找不到比鲧更合适的人了，您姑且给他一次机会，让他试一试吧。"

在众人的劝说下，尧只好听从了他们的意见，派鲧来治水。

但鲧的表现并不好，他治水用了九年的时间，也没能平息洪水。原因在于他并不会疏通水患，而是采用筑堤挡水的办法，一味地阻挡水，治标不治本，阻来挡去，这边刚刚挡住了，那边的水却又冲垮了堤，如此反反复复，却是劳民伤财，结果水患根本无法

▲ 大禹

解决。尧于是又派舜去监管鲧的工作。舜看到鲧在治水方面毫无方法，劳民劳力，还浪费了治水时间，就把鲧处死了。

之后，舜任命鲧的儿子禹为新一任的治水者，让禹代替父亲继续完成治水这件大事。禹姓姒，为人聪敏能干。平日里，他生活朴素，待人友善，能够脚踏实地地做事，极有信用，周围的百姓都很喜欢他，并把他作为榜样。舜虽然看不起禹的父亲治水的能力，但却没有歧视禹，而禹也没有因为舜杀死了自己的父亲而对他怀恨在心，只一心想要完成治水这件大事，拯救黎民百姓。

禹上任后，很讲究工作的方法，他没有像父亲一样急着去挡水，而是先进行了实地考察。他带着伯益、后稷和一批助手，前后多次到闹水灾的地区测量当地的地势高低，同时一边测量一边竖立木桩进行记录，之后再根据水患地区山川的

原有走向因地制宜地疏导洪水。

有一天，他带着助手来到了龙门山，龙门山绵延可达数百里，却正好挡住了黄河水，黄河水因为被龙门山挡住，导致河水水流不畅，在此处水位不断抬高，引发了严重的洪灾。

禹在反复考察龙门山的地形后，下了凿山的决定：他要凿开龙门山，让洪水可以流出去！下定决心后，他就率领民众，拿着简陋的工具，鼓足干劲一下接一下地开凿龙门山。夏天的时候，烈日炙烤，他们努力工作着；冬天的时候，天气严寒，他们也不退缩……就这样日复一日地努力着，他们一连苦干了五年，终于成功地将龙门山凿开了。山门刚开，只见黄河水呼啸着穿过龙门山，向东一泻千里，奔流进了大海，洪灾就此彻底解决。

龙门山被凿开后，发生了一些神奇的景象。比如每到春天，黄河里就会有很多鲤鱼游到这里聚会，鲤鱼们争先恐后地向龙门上游跳去。但是龙门的水是从上向下流的，因此水流异常湍急，一般情况下，鲤鱼是很难跳过去的，但一旦成功跳过去，鲤鱼就会幻化成龙，腾空而去。因为跃过就可成龙，因此即便没跳过去的鲤鱼也不会气馁，待到第二年春天，它们仍然会到这里集会，再次尝试跃龙门。后人将这个故事命名为"鲤鱼跳龙门"。

禹为了治水，和他的助手长达十三年都在发生洪灾的地方艰苦奋斗，其间他有多次偶然路过自己的家门口，却都没有抽出时间看一看自己的家人，大禹治水过家门而不入的故事，后来成了历史上有名的佳话。

据说，在大禹治水的第一年，他经过家门口，乡邻告诉他他的妻子刚刚生了孩子，让他抽时间回家看一眼。禹虽然心系自己的妻子和孩子，但是为了治水大业，却仍然说："现在治水才刚开始，我实在是没有工夫回去看他们啊。"

乡邻们见他执意不回去，于是说："既然您回不去，那就先给孩子取个名字吧。"

大禹想了想说："就让他叫启吧。"寓意是治水启行。

此后，又过了五年的时间，大禹的孩子启已经五岁了。有一天，启听到乡邻们说父亲禹治水又路过了家门，但仍然没有回来看他一眼，想到自己长到五岁都不曾见过父亲的样子，启不禁伤心地大哭起来。

　　在那个时代的人们眼中，大禹一直是这样一种形象：左肩上永远会挂着水准仪和墨斗，右肩上则一直背着圆规和方矩，一年四季带着自己的治水工具，和助手们奔赴在洪灾一线。大禹治水成为中华文明史上一个著名的故事，他的治水精神也是中华民族的一笔宝贵的精神财富。

大禹带领众人一心扑在治水的事业上

如果我们多看看中国的神话故事，就会发现这些故事都有一个显著特点，即歌颂先民们善良勇敢，乐观积极，与天地灾难进行斗争，靠自己勤劳的双手创造美好生活。这与西方神话传说中相信人们生来有罪，活着是为了赎罪的观念有着天壤之别。

部落联盟首领舜看到禹治水的功绩后，就向人们举荐禹，让禹来继承自己的天子之位。又过了许多年，舜南巡途中去世了，禹并没有按舜的安排继位，而是主动让位给舜的儿子商均，他怕被人们找到，自己悄悄躲到了阳城。

然而，其他部落的首领和四方的诸侯们都不愿意奉商均为部落联盟的首领，纷纷转而投奔禹，在众人的坚持下，禹只好登上了天子之位。他即位后，各地诸侯都前来朝拜，由此开创了"夏后"国的时代。

九鼎的传说

大禹治水异常艰辛，尽管传说中他治水并非仅靠一己之力，有黄龙、玄龟等许多神兽跟随，他也能在凿山时化身为力大无比的大熊，此外一些天神也曾在他危难的时候出手相助，但他因为治水，屡次经过家门而没有看看自己的妻儿老小，常年奔波在外，皮肤被烈日烤晒，手上也因凿山生满了老茧，甚至腿上的毛都被磨光了。因此人们常常会说："如果没有大禹带领助手们治水，那我们都会变成洪水中的鱼虾，就没有今天的好日子了！"

洪水退去之后，人们全都感念大禹治水的功劳，自发地拥戴他，帝舜也认为大禹堪当大任，顺应民意将天下共主之位禅让给他。传说中，帝舜在退位前曾赐给大禹一块"玄珪"，即一种黑色的、上尖下方的玉石。玄珪在古代是一种礼器。但也有人说"玄珪"并不是帝舜所赐，而是大禹在西方洮水一带治水时，当地的一位神人代上帝赐给他的。因为帝舜也可能就是上帝本身，所以这种说法也有一定的可信度。

相较而言，帝舜的权力比帝尧要大。帝尧在位时，基本上只是高坐在部落联盟首领的位置上，管理手下的官员和安排祭祀等事宜罢了，帝舜在位期间，因为治水不力一罪，就可以联合诸侯，一起在羽山处死重臣鲧，这也反映帝舜掌握了更多权力。帝尧时期，他的儿子丹朱曾经联合西南地区的很多民族反叛，这些民族也被称为"三苗"。帝尧为了稳定局势，派兵讨伐，将三苗之乱平息，把自己的儿子也杀死了。到了帝舜时期，三苗见有机可乘，又开始蠢蠢欲动，妄想推翻舜的统治。大禹主动请求舜派兵让他前去讨伐，但舜并没有答应，他热爱和平，更希望可以用德化的方式来感化三苗，而不是采用战争的手段。

舜去世，大禹即位了之后，不再遵循帝舜一贯的和平策略，而是下令让诸侯集合，一起讨伐三苗，试图将三苗驱逐到长江流域更南边的地方。大禹可以号令诸侯，发动战争，也说明大禹的权力比帝舜更大，对其他部落的控制力更强。禹之前的部落联盟还是相对松散的组织，但禹在位时期，部落联盟开始变得像一个国家了。

在诸侯共同讨伐三苗之前，还发生了一件大事，即大禹杀部落首领防风氏。

据说，为了筹备讨伐三苗的事宜，大禹通知各诸侯，要在会稽山召开部落联盟会议，并特意下令各个部落的首领都必须准时到场参加。没想到，其中一个部落的首领防风氏却迟迟不来。

知识链接

祭天

祭天是人与天的"交流"形式，它起源于上古时期，是我国古代最隆重的祭祀仪式。

一般由"天子"主持祭天仪式。人们通过祭天的形式，表达对上天滋润万物的感激之情，并乞求得到上天的庇护。

▼ **仰韶文化的陶鹰尊**

仰韶文化大约处于公元前5000年至公元前3000年，是黄河流域重要的新石器时代文化。彩陶是其代表艺术品，所以，仰韶文化又被称为彩陶文化。

原来这防风氏一直都不服大禹，对大禹并不尊重，他自恃自己的部落力量强大，就算舜在位时，也要忌惮尊重他，因此他认为就算自己不把大禹放在眼里，大禹也绝不敢杀他。万万没想到，大禹这次是认真的，偏要拿他开刀，杀鸡儆猴，树立自己的绝对权威。

大禹让部下抓住防风氏，他当着所有首领的面杀死了防风氏。在场的部落首领们个个面面相觑，没想到大禹真的会把防风氏当场杀死。他们明白禹比之前的尧和舜要更加严厉。

防风氏也是一个非常厉害的人，据传，他长得十分高大，是一个巨人。春秋时期，有一个吴国人在会稽山附近挖出了一块骨头，这块骨头巨大无比，他用了一辆马车才把骨头勉强装下，其他人知道了此事，都想知道这骨头的来历，于是纷纷去找学富五车的孔子求教。孔子看了之后说："这骨头如此巨大，正是上古时期被大禹所杀的防风氏的骨头呀。"当时的人们都对孔子的回答表示信服。历史上，孔子的确是有学问的人，但这个回答在今天来看，显然并不科学，一辆马车才能装下的超大骨头，更有可能是恐龙的化石。

随着治水和三苗平乱相应成功，天下逐渐趋于安定，而大禹由于功绩大受到了各地诸侯的拥戴，大禹治下的疆土，北可到今天的内蒙古境内，西到陕西中部，东至大海，南达长江南岸。由于他所管辖的疆土地域极广，在治理中，他就把天下划分成了九个区域，每个区域分别为一个"州"，分别是冀、青、豫、扬、徐、梁、雍、兖、荆，由此，中华又被称为"九州"。

大禹治水时几乎亲力亲为地走遍了大江南北的每个角落，因此他对于每个地方的情况都掌握得比较清楚，比如该地有哪些猛兽、邪神、厉鬼等，他即位后，就命令九州的官员们从各自的管辖地搜集铜铁进献给中央，大禹又让工匠用这些铜铁打造了九口巨大的鼎，放于荆山脚下，后世称之为"九鼎"。

传闻中，这九鼎上仿着各地妖魔鬼怪的样子雕刻了相应的图案和花纹，用来警示出行在外的百姓。九鼎一一对应了九个州，如果有人想到哪个州旅行，但是又担心会遇到当地的野怪，他只要事先到九鼎前找到相应州的鼎，然后记熟了鼎上所画的怪物图案，就可以提前预防，趋吉避凶。

人们将金属物质
高温烧成液体

再将液态金属灌
入模具中

待冷却成型后，再拆开模
具，精细打磨，制成鼎

九鼎代代相传，它渐渐失去了作为旅行警示的功能，尤其在周代，国家重视祭祀，九鼎就纯粹成了天子祭祀时的礼器，具有了更多的象征功能，代表着国家权力的集中。

◆ 知识链接

神秘的巴人

巴人并不指单一的民族，而是将生活在重庆、四川东北部、鄂西、湘西地区的众多古族，通称为巴。

有专家认为，如今的土家族很可能是巴人后裔。

▲ 竹简

竹简是古代用来写字的竹片，也指写了字的竹片。

因为当时纸还没有发明出来，人们便将竹子削成一条一条的，在上面写字或刻字，一部书需要大量的竹条，为了方便阅读，人们便将竹条穿起来，便形成了竹简。

古老的巴国

根据《山海经》的记载，在西南地区有一个古老的巴国。除了《山海经》，商代的甲骨文和周代的竹简中也有关于巴人的记载，根据这些文献推测，巴人大致生活在秦岭大巴山南麓一带，即今天的重庆、鄂西、湘西地区。

相传务相是巴国的首任君主，务相的祖先叫巫诞。从字面推测，巫诞应该是当时一位著名的巫师。

巴国人不全姓巴，早期时，巴国分有五个部族，一个部族一个姓氏，其中巴氏人居住在"赤穴"，而其他四个部族居住在"黑穴"。

后来，随着巴国的发展，人们想要统一在一起，而不再是分为五个部族，于是五个姓氏的首领或巫师相约集会，推举出一位国家的总首领。

他们约定，把自己的佩剑在巨石上方抛出，落下后，谁的佩剑可以插入石头中，那么他就是上天认可的巴国国王，将统一巴国。

四个居住在黑穴的首领们依次尝试抛剑，却都失败了，唯独居住在赤穴的巴姓首领——务相将自已抛出的佩剑插入了石头中。

没想到，务相成功后，黑穴其余四姓的首领却耍无赖不肯拥戴他为首领，而要求再比试一次。

于是，他们五人又商定，各自分别乘坐着一艘泥土塑造的、雕刻着花纹的船，让人们把他们五人一同推入水中，如果谁的土船可以成功地在水中漂浮而不沉，那么谁就是天选的王。结果仍然只剩下务相的土船在水面上漂浮到了最后。其他四位首领看到务相接连两次胜出，才不得不服，尊务相为王，也称他为"廪君"。

廪君成为巴国的王以后，开始为部落未来的发展发愁，他认为他们世代居住的钟离山地方偏狭，不是适宜居住之地，于是考虑带领部族沿着夷水（今清江）西而上，去寻找一块更宜定居的沃土。

相传廪君亲身去考察地形，路过盐水边时，盐水女神无可救药地爱上了他。为了挽留廪君，她诚恳地说："我这儿水土丰沃，鱼虾肥美，而且还盛产食盐，这么好的地方，不如你就留下来吧！"

但廪君不为所动，拒绝了盐水女神。

女神不肯罢休，她施展法术，夜晚跑来和廪君同居，白天则变幻成飞虫，同时召集密密麻麻的虫群在半空中飞舞，遮蔽了廪君头顶的日光，让周围暗无天日。

几天过去，廪君觉得这样下去不行，于是灵机一动，派人为女神送去一缕青丝，并转告她："这缕青丝和你很配，我希望你能系在脖子上，象征着我跟你生死与共。"

女神以为廪君答应了她的追求，于是喜出望外地把青丝系在了脖子上。下一秒，她发现廪君要走，连忙重新化作飞虫。但廪君根据青丝，一眼就发现了藏在虫群里的女神，于是他弯弓搭箭，射死了盐水女神。而后虫群飞散，天光大亮，廪君得以重新出发。

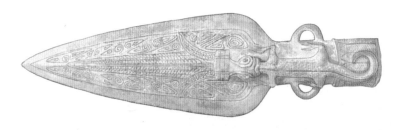

◀ 青铜矛

据说，廪君过了盐水之后，就一直乘坐自己的土船到了夷城，大概是今天重庆附近。廪君看到夷城时，大失所望，他发现这里水流曲折，两岸还散布着各种岩石，并不是适宜安居的好地方。

于是，廪君感慨说："我千辛万苦才从洞穴里出来，没想到一路到此，竟然又是洞穴，难道我还要回到洞穴居住吗？"

或许是廪君的诚心感动了夷城的神灵，也或许是当地的神灵也想让廪君带领他的族人们在此安居，廪君话音刚落，他眼前的岩石突然崩塌，眼前出现了一条三丈宽的大道，还有层层阶梯连接着水面与陆地，一直通往远方。大喜之下，廪君弃舟登岸，他沿着阶梯向上走，发现这里的土地远比自己初见时想象的要宽广而肥沃，是片安家的好地方。

于是，廪君就带领着巴人们长途跋涉，从今天的湖北中部迁往四川境内，他还在自己第一次到夷城时坐过的石头旁边建起了城市，随着城市的建立，古代巴国也正式建立起来了，廪君也成为巴国的第一任君主。

望帝化杜鹃

古时，炎黄两个部落合并，发展成了华夏族。起初，华夏族主要生活在黄河流域，除了他们，当时还有很多其他的古部族生活在中国的其他地区，在随后漫长的发展中，其他部族逐渐融入了华夏民族。时至今日，有很多遗址出土，证明了中华民族在早期是有多个部落的，比如"三星堆"遗址的发现，为人们揭开了上古时期生活在四川盆地及周边的一个部落——蜀族的神奇面纱。

传说蜀人原本是古代羌族的一个分支，他们最开始生活在黄土高原以南的地方，后来迁到了四川盆地，从此，就扎根在这片土地上，长期繁衍下去，后来他们发展成了一个国家，即传说中的古蜀国。后来，在战乱时期，古蜀国被秦国所灭。

▲ 李商隐

李商隐是晚唐著名诗人，字义山，号玉溪（谿）生。

他擅长诗歌创作，并且文学造诣很高，因此人们把他和晚唐的诗人杜牧合称为"小李杜"。

他的主要作品收录在《李义山诗集》中。

◆ **知识链接**

锦瑟

李商隐

锦瑟无端五十弦，
一弦一柱思华年。
庄生晓梦迷蝴蝶，
望帝春心托杜鹃。
沧海月明珠有泪，
蓝田日暖玉生烟。
此情可待成追忆？
只是当时已惘然。

下面就是关于古蜀国的故事。据说，古蜀国建立者是蚕丛，他也是第一任古蜀国王。蚕丛起初生活在岷山一带，后来为了更好地生存发展，他带领自己的部族顺岷江南下，进入了今天的成都平原。由于这里资源丰富，于是他们定居下来，并与当地的土著民融合到了一处，共同发展成了古蜀国。蚕丛生平最大的功绩是推广种桑养蚕的工艺，当时的百姓们正是在他的指导下开始种桑养蚕，发家致富，所以百姓们都尊称蚕丛为"蚕丛王"。蚕丛去世后，第二代蜀王是"柏灌"，他是以一种鸟的名字为名。第三代蜀王是"鱼凫"，是以一种水鸟的名字为名。第四代蜀王是"杜宇"，杜宇即杜鹃鸟。接连几代蜀王都将鸟的名字作为自己的名字，这与古蜀人崇拜鸟类、以鸟类作为部族图腾的文化信仰有关。

据说，杜宇即位蜀王时，大概在战国中期，他把自己改名为蒲卑，号"望帝"。他在位期间，最大的功绩就是大力提倡民间发展农业生产。有一年，古蜀国遭遇了一场罕见的天灾，一场百年难遇的特大洪水冲垮了不少农屋田舍，望帝匆忙率领他的部下和百姓们纷纷逃往长平山，躲避洪水，一时之间想不出治水良策。正在大家满面愁容之际，一个楚国人出现了，他自称鳖灵，说自己有办法可以平息洪灾。

鳖灵的到来也十分具有传奇色彩，据说他本来已经死在楚地了，他的尸体却逆着江水漂到了蜀中一带。当地的蜀人看到后，把尸体打捞起来，没想到他一上岸竟然恢复了呼吸，起死回生。蜀国人惊异于这种灵异之事，望帝也因此相信了鳖灵的话，让他死马当活马医，担负起治水重任。鳖灵确有治水的才能，他不负厚望，率领着蜀地的百姓们开凿巫山，让被堵塞于蜀地的洪水可以通过巫峡向东流去，汇入大海，洪水很快就消退了。望帝看到洪水退去，百姓安居乐业，十分欣慰，他欣赏鳖灵的才干，于是让他做自己的辅佐官，不久后，他把王位也让给了鳖灵。鳖灵即位后，被人们称为"开明王"。

望帝禅让后，就离开了蜀国的国都，前往西山隐居。传说中，他死后化成为一只杜鹃鸟，每到春天百姓就会听到杜鹃鸟的鸣叫，这是望帝在提醒农民们春天到了，要去田间播种了。因此，蜀地的百姓们也把杜鹃鸟叫"杜宇鸟"或"子规鸟"，因为杜鹃的叫声就像在说"子规"一样。

唐代有名的诗人李商隐曾作《锦瑟》一诗，诗中"庄生晓梦迷蝴蝶，望帝春心托杜鹃"两句，正是根据古籍上的记载而写。

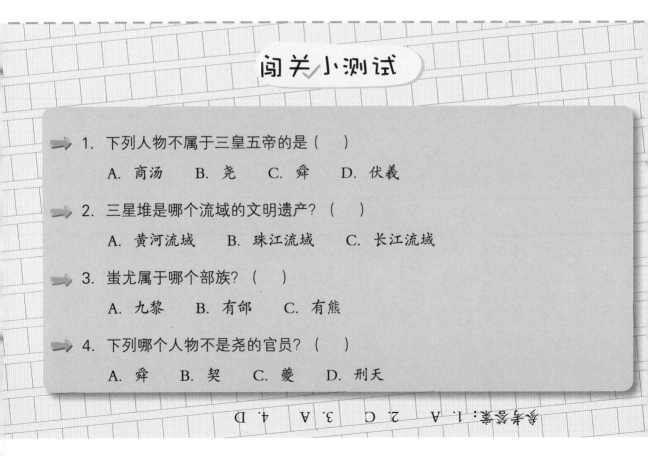

闯关小测试

1. 下列人物不属于三皇五帝的是（　　）

　　A. 商汤　　B. 尧　　C. 舜　　D. 伏羲

2. 三星堆是哪个流域的文明遗产？（　　）

　　A. 黄河流域　　B. 珠江流域　　C. 长江流域

3. 蚩尤属于哪个部族？（　　）

　　A. 九黎　　B. 有邰　　C. 有熊

4. 下列哪个人物不是尧的官员？（　　）

　　A. 舜　　B. 契　　C. 夔　　D. 刑天

参考答案：1.A　2.C　3.A　4.D

夏朝：国家的诞生

大禹带领大家治理洪水有功，被封于夏，所以他的部落就称为夏。

大禹死后，他的儿子启破坏了禅让制，自立为王，建立了夏朝。这是中国第一个朝代。

夏朝对周边的部落并没有太强的约束力，只是一种名义上的管理。所以夏朝国王太康一不留神，国家就被有穷氏取代了。

所幸太康的侄孙少康发愤图强，又打败了敌人，天下又回到了夏禹子孙的手中。

有扈氏不服，启伐之，大战于甘。

——《史记·夏本纪》

父死子继家天下

大禹去世以后，他的儿子启继任，建立了夏朝。夏朝是我国历史上第一个朝代，父死子继的世袭制度是夏朝的一个重要特征，由此，开启了世袭制。

据说，大禹在晚年时也希望可以按照之前的惯例，从民间寻找一位合适的接班人。百姓们当时向他推举了皋陶，但遗憾的是，皋陶去世得早，之后人们又向大禹推举了皋陶的儿子伯益，大禹也同意了。

十年后，禹在巡视到会稽的时候去世了。按照他之前的规定，王位应该由伯益继承，但禹的儿子夏启不服气，站了出来，说："我的父亲禹为天下操劳了一生，奋斗多年才有了今天的天下，我是他的儿子，父亲死了，这份财产怎么能让外人继承，理应我继承。"

尧舜时代是"公天下"的时代，即人人都认为天下是大家的，而不是某一姓的人所有；但启却认为天下是他父亲禹辛苦打拼下来的，应该是"家天下"，由他一族世代承袭，是私产。启用了武力手段，赶走了原定的继承人伯益，昭告天下，自己才是夏朝的君王。

这件事情传出去，周围的许多部落都不服气启的统治，他们纷纷为伯益抱不平。其中一个部族的首领叫有扈（hù）氏，他最先站出来，谴责夏启不尊禹的遗嘱，还指责他把"公天下"变成"家天下"，他说："禹生前明确让继续禅让制，各个部族共同推举伯益即位，当时的先王大禹也同意，现在你怎么能不尊父亲的遗嘱，赶走伯益？劝你还是早点把王位还给伯益，不要坏了规矩！"

夏启听了之后大怒，心想：我刚即位，有扈氏就来找麻烦，我如果不给有扈氏一点颜色，只怕其他部族里还会有人对我不服。于是，他就派兵与有扈氏进行了战斗。

这一仗持续了很长时间，双方互不退后，打得天昏地暗。有扈氏因为师出有名，是为了维护正义而战，所以他们的士兵越战越勇，而夏启的士兵则渐渐被打得丢盔弃甲，几乎溃散。

战况传来后，夏启的大臣们都劝他说一次失利不要紧，重整军威，卷土再战，定会成功。但是夏启听了之后却拒绝了，他对大臣们说："此战失败，是因为我没有得到人心呀，即便再战，也很难胜利。"

从此，夏启对自己的要求愈发严格，励志要成为一位贤明的国君。他不讲究君王派头，生活中厉行节俭，绝不铺张浪费，每餐也只吃普通的蔬菜，睡觉也只铺着粗糙的褥子。他不沉迷于娱乐，除了重大的祭神和祭祖仪式之外，从不让人

夏朝的皇位代代相传，
不再进行禅让

们演奏音乐。此外，他还尊老爱幼，求
贤若渴，但凡听说民间有哪位贤能义士，
就赶快派人恭敬地请来，并加以重用。

夏启的一言一行都被大臣和百姓看
在眼里，仅一年的时间，他的声誉就比
之前大大提高了，其他部落的首领也更
尊服于他。民间百姓常常说："大禹生

了一个好儿子，虎父无犬子，夏启是一位好的君王，天下只有交给他这样贤明的君王来治理，我们才能过上好日子。"一传十，十传百，渐渐地，更多人知道夏启是一位明君，人心逐渐倒向了他这一边。

夏启见时机已经成熟，下令再次攻打有扈氏。战前，夏启召集了六军的士兵，对他们慷慨激昂地说："六军的将士们啊，我是你们的王，我向你们发布命令。有扈氏一族暴虐无道，上天已经断绝了他的国运，现在我是顺应天命，派你们去讨伐有扈氏。在场的将士们都要听从我的命令，奋勇杀敌，打败有扈氏。谁作战勇敢，就有赏赐；谁临阵逃脱，就当场处死！将士们，冲啊！"

夏启给将士们鼓足了士气，将士们备受鼓舞，激昂地呐喊，声音传到有扈氏那边，有扈氏的士兵们不免心惊肉跳，气势上就落了下风。

战争开始后，夏军像潮水一样，势不可挡，而有扈氏的军队则连连败退，甚至不久后，连有扈氏本人都被抓了俘虏，这一战，有扈氏彻底败北。

有扈氏被灭后，夏启终于不再担心自己地位不稳。于是，他宣布：有扈发往草原地区，成为放牧牛羊的奴隶；而此次战争所抓获的俘虏，就分给夏朝的士兵们当奴隶。

所谓杀鸡儆猴，启这一招确实有效地保住了自己的地位。之后，即便仍有一些部落首领心里不服启的统治，但他们谁也不敢再当面说启的坏话，更不敢与之一斗。就此，启稳坐江山，父死子继、兄终弟及的世袭"家天下"制度就此形成。

▼ 夏镶嵌十字纹方钺

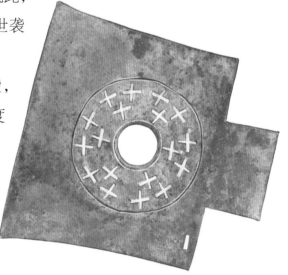

由于夏朝时启已经实行王位世袭，这也标志着原始社会的氏族公社制度分崩离析，社会进入了奴隶制国家的时代。

总体来看，由原始社会步入奴隶社会，这是人类历史上的一座里程碑。

太康失国

▲ 太康

启 灭掉有扈氏，稳定自己的王位之后，又过了几年，就因病去世了，因为世袭制度，他死后，他的长子太康即位成为新一任的夏王。太康即位后，为了国家发展，带领百姓把国都迁到了今天河南洛阳东边斟寻一带。

太康本性好玩，迁都后，他便安于现状，不再管理政事，更不关心百姓的生活，整日以外出打猎为乐，大臣们每天都找不到他。他起初只是在都城附近游玩，没多久，他就玩得腻了，就想再跑得远些玩乐。有一次，他竟然带着随从，从都城一路跑到洛水南岸，在外面玩了一百多天仍不还朝，大臣们都愁死了。

周边的诸侯、部落听说他热衷于玩乐，荒废政事，便渐渐不服于他的统治，有的诸侯和部落首领就萌生了推翻他并取而代之的心思。

据传，当时黄河下游有个东夷族，东夷族中有一个部落叫"有穷"，它的部落首领是后羿。这个后羿可不是射日的后羿，但也擅长射箭。他生来手臂特别长，天生拥有神力，他射出的箭力量极强，可穿云破日，且命中率高，可谓是百步穿杨，凡是被他射中的人，都活不下来。后羿仗着自己高超的射箭本领，以及培养出的一支强悍有力的军队，一直谋划推翻太康的统治，自己代之。

　　禹和启当政时期，励精图治，因此夏王朝的军队非常厉害，四方诸侯力量不敌，都归顺夏朝，后羿一直不敢轻举妄动，挑战夏朝。太康即位后，他听说太康为人贪图享乐，就觉得机会来了，尤其是听说他在外打猎，一百多天都不曾回朝，更认为这是天赐良机。

　　这天，后羿亲率大军，沿着黄河顺流而下，攻打夏都。与此同时，在洛水北

在枪炮发明之前，弓箭是使用最广泛的远程射杀武器，常用于战争或狩猎。其中，弓臂很有弹性，能产生很大的张力；弓弦富含韧性；箭头用铜或铁制成，箭杆多为竹或木质，箭羽用鹰、鹅等禽类的羽毛制成

岸驻守着大量后羿的兵马，以免太康收到消息后，再渡过洛水返回都城。

后羿果然有先见之明，太康打猎尽兴归来，在途中听说了军变，着急想要还朝，却发现洛水边有重兵把守。太康由于只是外出游玩，因此身边只有少数护卫的士兵，后羿一方的士兵明显多过自己数倍，硬碰无异于以卵击石。走投无路之际，他只好下令让部下在南岸暂住，同时派部下悄悄到其他地方的诸侯处讨救兵，一同抗敌。

但太康玩乐之日已久，长期无心政事，各地的诸侯们早就对他心生不满，面对太康的求救，果不其然，没有一个愿意帮忙。太康进退两难，万般无奈之下，只能放弃回国，他向东流浪到一个地方定居，度过了许多年穷困潦倒的生活，最后病死在异地他乡了。

他死后，因为他曾是帝王，人们还是为他修了一座太康墓。秦汉时这个地方叫"阳夏"，隋朝时此地更名为"太康"，即今天的河南省太康县。

太康并非夏启唯一的儿子，历史上启有五个儿子，太康是长子。因此，当太康被拦在洛水之外无法回朝时，太康的母亲和他的弟弟就一起在洛水北岸遥望着盼他归来。后来听闻太康一路向东流亡，他的弟弟们感念夏王朝的不易，于是悲愤中创作了一首歌，这首歌主要追思了大禹的功绩，同时也诉说了他们当时看着夏朝逐渐日落西山的哀愁，传说这首歌名为《五子之歌》。

少康复国

太康游乐误国后，后羿就趁势夺取了夏朝的国家大权。起初，他知道自己夺权来历不正，所以不敢自立为王，而是选择立太康的兄弟仲康为王，但仲康也只不过是被后羿操纵的傀儡，实际上大权仍在后羿手中。

后羿为人喜好打猎射箭，和太康一样也热衷于玩乐，平素并不擅长管理国家大事，因此，他委托自己的亲信寒浞（zhuó）代为处理国家政事。没想到的是，寒浞是一个阴险狡诈之人，他表面上花言巧语，处处看后羿脸色行事，赢得后羿的信任，而暗地里则一直培植自己的力量，时刻准备取后羿而代之。

后羿不理朝政期间，寒浞经过精心准备，逐渐将后羿的亲信收买，成为自己的随从，其中还包括后羿的弟子逢（páng）蒙。逢蒙早年拜后羿为师，跟随其学习箭法，学成后他的箭术与后羿不相上下，就想除掉后羿，成为第一神箭手。

某天，后羿又一次独自出游打猎，逢蒙暗中跟随，时刻准备出手。很快，躲在树林里的逢蒙找到时机，突然射出冷箭。后羿反应迅速，第一时间射箭回击。"叮！"两支由神箭手所射出的箭在半空交汇、相撞，发出一声脆响后落地。逢蒙不信邪，接连不断地射了十箭，后羿不甘示弱，也回击了十箭，结果和第一箭一样，双双掉落在地上。但此时后羿的箭袋里已然空空如也，逢蒙见状大喜，直接又一箭射向了后羿的咽喉。后羿应声倒地，逢蒙得意洋洋地走上前，正准备检查"老师"的生死时，后羿翻身坐起，嘴里还叼着那支箭。他当着逢蒙的面吐掉箭，冷笑着说："好徒儿，你跟我学了这么久的箭，却连'啮镞'之法都不了解，看来你还差得远呢！"

逢蒙万万没有想到，后羿竟然可以直接咬住他射来的箭，当时吓得浑身发抖，跪地求饶。后羿看到逢蒙悔过，就饶恕了他。

但逢蒙并不是真的悔过，他一直寻找机会，终

知识链接

后羿教徒无方

后羿的死被后人广为议论。有人说，逢蒙虽然是无耻小人，但后羿教徒无方，只知道传授技术，而不培养品德，最终酿成悲剧。

▼ 夏朝青铜器网格纹鼎

于在又一次打猎中，趁后羿没有防备，杀死了恩师。

后羿死后，寒浞终于如愿以偿夺取了大权，成了夏国的实际掌权人。

尽管寒浞夺取了实际大权，夏国却仍有个名义上的夏王——仲康的儿子相，仲康死后，他的儿子相又继承了王位。寒浞不能容忍自己的权力分给别人，就派人暗中杀了相。但他没想到的是相虽被杀死，相的妻子后缗（mín）却已经怀了相的孩子。相死后，后缗为了保住孩子，一路躲避了寒浞的追杀，逃到了娘家。后来，她生下了相的孩子，孩子出生后，她为孩子取名少康。后缗不甘心自己的丈夫被人谋害，她立下誓言，要把孩子抚养成人，让孩子为他的父亲报仇雪恨，从寒浞手里夺回本该属于她丈夫的一切，复兴夏朝基业。

就这样过了二十年后，少康已经长大成人。他牢记母亲对自己所说的话，发誓要为自己的父亲和祖父报仇雪恨，光复夏朝。因此，他努力学习带兵打仗和治理国家的本领，时刻准备着与寒浞作战。谁知寒浞不知从何处听说夏王相有个遗腹子的消息，他震惊非常，派人四处打听少康的下落，想要斩草除根。少康得到寒浞要来杀他的消息，早早做了准备，奔赴舜的后裔有虞氏那里，寻求庇护。

有虞氏的国君名思，思一直不满于寒浞小人得志，杀害夏的国君。他看到前来求助的少康年轻有为，是正人君子。就答应为他提供庇护，并让他掌管部落的膳食事务，还教会他打理财务。少康在有虞氏的帮助下，学会了很多东西，本事更大了。思见少康敏而好学，对他赞赏有加，就把自己的女儿嫁给了少康，他们成亲后，思还赐给少康了一片土地和五百名兵士。尽管这块土地只有方圆十里大小，但也是少康的根据地，给他提供了生存基础。

少康感念有虞氏的恩德，将封地治理得人丁兴旺，人们安居乐业，逐渐成了一片富庶之地。太康丢掉国家后，许多夏国的百姓都流亡在外，他们知道少康是夏王的后代，而且还把自己的封地治理得如此富庶之后，都认为夏朝后继有人，纷纷前来投靠他。

于是，随着来投靠的百姓日益增多，少康的势力也慢慢壮大起来。

又经过多年的努力，少康积蓄了足够与寒浞一战的力量，他认为时机已经成熟，可以出兵为自己可怜父亲和祖父报仇了。于是，他在自己的封地上宣布起兵，攻打寒浞。出征前，他公告天下人，表明自己要复兴夏朝的远大志向，希望夏国的百姓们可以加入他，支持他。百姓们听到消息，都愿意加入少康的部队，和他一起光复夏国。此时，寒浞已经垂垂老矣，他根本无力与强大的少康抵抗，在随后的战争中，被少康的部队打得落花流水，一败涂地。少康终于完成了母亲的嘱托，他在百姓们的欢呼声中回到了久别的夏都城，赢得了百姓的拥戴。夏王朝又恢复起来了。

历史上，人们把这次事件称为"少康复国"或"少康中兴"。

孔甲与龙

知识链接

夏历

夏历又称农历，传说是夏代创立的历法，是我国最早的历法。

▼ **龙图腾**

我们中国人一直称自己为龙的传人，这源于我们祖先对龙的图腾崇拜。

少康复国之后，夏朝又经历了好几代国君，直到孔甲即位，成为夏王朝的第十四代国君。孔甲与努力刻苦的少康不同，他非常迷信鬼神，热衷占卜之事。他相信天上的神安排好了世间的一切，凡人无需操劳，因此就整日沉迷于游乐享受，丝毫不理政事，他身边的大臣想要劝他走上正道，都失败了。

孔甲的父亲不降知道自己孩子的品性，根本不堪大任，因此本不想将王位交给孔甲，而是打算将王位传给自己的弟弟、孔甲的叔叔——扃（jiōng），扃死后，将自己的王位传给了自己的儿子胤（yìn）甲。但谁都没有想到，历史仿佛是开了一个玩笑，由于胤甲死得早，王位最终还是落到了孔甲身上，就这样，即便孔甲的父亲生前再不愿意，孔甲还是继承了王位。

据说，有一天，孔甲和他的臣子们在一条大河边游玩时，河里突然出现两个庞大的怪物，怪物还想要爬上岸。孔甲受到了惊吓，想要离开，旁边一个臣子则对孔甲说："王上不需害怕，这乃是一雌一雄两条神龙，他们都是天上的神派下凡间，特意来辅佐您治理江山的啊。"孔甲起初只是将信将疑，因为龙都是在天上飞的，怎么可能待在水里。他身边的臣子就继续解释道："王啊，龙既可以飞翔于天，又可以遨游于水，但您是真龙天子，它们在您的面前，哪里敢飞，也只能待在水里游动罢了。"孔甲听了大臣的这番话后十分高兴，龙在他面前都不得不低头，那自己就是天下最尊贵的人了。他欣喜之下，就命人将这两条"龙"带回宫中，让它们可以长久地辅佐自己，作为镇宫之宝。得了这两条所谓的"龙"后，孔甲越发迷信神之说，认为龙在自己身边，定能够辅佐自己将天下变得长治久安，那自己又何须再管理朝政呢？

回宫后，孔甲就下令，重金悬赏，找专门的人来驯养龙。但民间的百姓又有谁真的见过龙呢，君王这样重视这两条龙，一旦养不好，那自己及全家的性命就会丢掉啊。

因此，过了很久，都没有人到宫中养龙。孔甲担心找不到合适的人来照看那两条龙，会误了龙来替他治理天下的大事，他正在宫里坐立不安时，有大臣向他禀报说："王，我听闻刘累专门学过养龙术，若是您将他找来，他一定能养好龙。"

孔甲听闻分外高兴，立刻下令让刘累觐见。刘累乃是尧的后裔，传说，他曾经跟随在豢（huàn）龙氏的身旁，学习过养龙的技艺。被传召后，刘累风尘仆仆赶路而来，到宫中一看，他惊讶了，宫里的这两只怪物根本不是龙，而是丑陋的大鳄鱼！他想向孔甲说明情况，但孔甲却对这两条"神龙"深信不疑，刘累无奈之下，只好接受孔甲的命令，成为养龙师。孔甲看他接下了重任，龙颜大悦，为他赐姓御龙氏，意即他就是养龙人，还赏赐了他好多珍贵的财物。

刘累上任后，对孔甲说："王，龙乃是天上的神，不能委屈、怠慢它们，不能养在狭小的空间里，应该为它们修筑一个豪华的大水池，并注满清水，供它们休息活动，而且每天还要举办神龙的朝拜仪式，让人们恭敬地礼拜它们，那样神龙一定会辅佐您的江山千秋万代。"孔甲本来就信奉神仙，他听了刘累的话，非常高兴，又命人即刻为神龙修建豪华的大水池。据说，水池修成后，其巨大豪华前所未有。两条大鳄鱼一入水池，仿佛回到了河水里一样，它们很快恢复了活力，不再像以往一样萎软无力。孔甲见状，认为神龙对他的安排非常满意，就命人摆好桌子，带着大臣们一起向神龙朝拜。仪式完成后，刘累因此而一步登天，成为宫中的红人。

有一天，孔甲听闻黄帝曾经驾龙车遨游天下，于是他召来刘累，对他说："我听说黄帝可以乘龙舟神游天下，我安排你养龙，也想要坐上龙车，你已经养了这么久的龙，也是时候驯龙驾车了，得让我能早点像黄帝一样坐龙车巡游疆土啊。"

刘累听后，心里直发怵，他知道那两条动物只不过是鳄鱼罢了，根本就不是龙，他又怎么可能让鳄鱼去驾车呢？他浑身直冒冷汗，但又不敢不听孔甲的命令，只好接令，往鳄鱼在的地方走。

所谓祸不单行，正在他走到大水池边，准备看看鳄鱼时，却发现那条雌"龙"眼睛睁得大大的，一动不动地在水面上浮着。这是鳄鱼死去的特征啊，刘累心里大惊，鳄鱼一死，他如何跟大王交代呢，心想：孔甲刚刚说要我为他驯龙驾龙车，如今显然是不行了，大王知道了，肯定会要我的性命，还会连累我的家人，这可怎么才好。刘累瘫坐在地上，

鳄鱼很凶猛，因为很少被捕杀，所以在古代比较常见

一边想着可能的后果，一边在脑中快速寻找对策，看自己和家人还有无生还的可能，他思前想后，忽然灵光一闪，计上心头。

他稳住心神，第二天又前去拜见孔甲，对孔甲说，如果他想要神龙驾车，就必须拥有强健的体魄，因为神龙有神之威力，力大无比，一般人根本无法登上龙车，如果孔甲身体不强壮，就会折寿。此外，神龙练习驾车是大事，旁边不能有人跟着观看，不然惹怒了神龙，恐怕不仅孔甲乘不了车，神龙发威还不利于江山稳定。刘累还对孔甲说，东海有一种大鱼，其肉鲜味美，具有大补之功效，国王必须每日按时吃上一盘，连着吃几天，才能养好身体，达到乘坐龙车的标准。

孔甲听了非常高兴，让人分毫不差地按刘累的要求做，又赏赐刘累许多财物。刘累暗自心喜，第二天，他把身边的人都打发走，将已经死去的雌鳄鱼拿到了厨房，然后从鳄鱼的身上割下了几块肉，把肉做熟，自己端给了孔甲。第三天刘累又割下了几块鳄鱼肉，做熟后端给孔甲。第四天，就在孔甲等着吃鳄鱼肉大补的时候，却一直等不来刘累，非常着急，他想去刘累那里看他训练神龙到什么程度了，但是一想到刘累之前交代的话，又担心会惊扰到神龙练驾，只好耐着性子继续等待。

谁知又过了好多天，刘累一直都没有出现，宫里也没有任何人见到过他，孔甲心想：这么多天，我都没有吃鱼肉了，身体不养好，怎么乘龙车，今天就算惊扰神龙，我也一定要见到他，问问到底是怎么回事。

孔甲下定决心，带着仆从来到了养神龙的水池边，却发现刘累根本不在这里，屋子里空无一人，所有贵重的东西都消失不见了。孔甲心里一惊，他仔细向水池里看去，当时就吓坏了。原来因为鳄鱼死去多日，水池里的水已经变得又脏又臭，剩下的那条雄鳄鱼正浮在水面上。

孔甲又带着人慌忙赶到刘累的厨房，他一看厨房的样子，全明白了。原来刘累前几日送给他吃的美味正是雌"龙"的肉啊。他当时就吓傻了，惊呼道："那可是神龙的肉啊，是神啊，我怎么能吃龙肉……"话没说完，他竟然口吐鲜血，直接被当场吓死了。

孔甲死了之后，又过了很多年，桀（jié）成为新一代的夏王。

末代帝王夏桀

夏桀是夏朝的最后一位王，因此他也被称为末代君主。夏桀在位时，夏朝国力衰微，在诸侯国中已经没有什么威望了，天下的诸侯和部落的首领们很少再到夏国朝贺了。

夏桀是个名副其实的败家子，他在位期间，嫌弃自己住的宫室太过简陋，于是让人在洛阳又为他建造了一座倾宫。据传，倾宫占地达十里，高有十丈。夏桀还让人在宫中打造了一座瑶台，瑶台全部用玉石砌成。工匠们用了七年的时间才完成宫殿的修建，还耗费了大量的玉石，整个工程非常劳民伤财。

夏桀为人自负，听不得别人说他的缺点，也不允许别人给他指出一点问题，平时就喜欢别人对他阿谀奉承。当时，有个叫关龙逢的大臣，他为人刚正不阿，看到夏桀如此劳民伤财，胡作非为，就经常进言，劝夏桀改过自新，做明君圣主。但夏桀根

◆ 知识链接

倾宫

倾宫就是指巍峨的宫殿。

瑶台

瑶台是神话中神仙居住的地方，如今常指美玉砌的楼台，也泛指雕饰华丽的楼台。

◀ 二里头宫殿复原图

本听不得劝，最后实在烦了，就把关龙逢杀了。大臣们听闻此事人人自危，从此，再也没有人敢向桀劝谏，而很多小人则借机成天围在夏桀身边拍马屁。桀亲小人而远贤臣，朝上没有人敢讲真话，于是，夏朝由上到下变得越来越腐败衰落了，但夏桀对此毫无意识。

在夏朝势力逐渐衰落的同时，黄河下游有一个商国正在慢慢兴起、强大。起初，商国只是夏朝的一个属国，据说商国的祖先是帝喾（kù）的小儿子，名契（qì）。大禹治水时，契曾经相助夏禹，在治水中立了功劳。洪灾平息后，夏禹感念他的功劳，就赐他姓子，分封他在商地。子契封地后，逐渐发展建立了自己的国家，国名商。夏桀在位时，商国由子契的第十四代孙子汤为王掌管。商汤是一位有政治抱负的君王，他看到夏桀任人唯亲，荒唐腐败，已经到了众叛亲离的地步，就决定要积蓄力量，顺应天命，推翻夏桀的统治。

与夏桀不同，商汤为人仁义，重视贤臣，因此他能够赢得大臣、百姓的拥戴。传说，商汤某天在城外郊游时，偶然遇到一名捕鸟人。只见他一边架好捕鸟的网，一边念念有词地说："老天爷保佑，不管是从天上地下还是哪里飞来的鸟都好，全都到我的网里来吧！"商汤见状心有不忍，于是跟捕鸟人讲："你不要把四面的网全张开，这么做太残忍了。"然后他撤下其中的三面。捕鸟人愣了，他不理解地问："你只给我留一面网，还让我怎么捕鸟？"商汤告诉他："你可以对鸟儿们说'小鸟们啊，你们想到哪儿去就到哪儿去，要是你们真的不想活了，那就干脆飞到我的网里来吧！'我认为这才是真正良善之人的做法。"

这件事情流传开后，百姓们都夸赞商汤为人善良仁慈，他对待鸟兽都可以这样仁慈，那么他对待大臣和百姓们该有多好啊。于是，商汤渐渐获得了百姓的爱戴，赢得了民心。

在获得百姓的支持后，商汤也积极备战，见时机成熟，他发布了作战宣言，誓要推翻夏朝的暴虐统治，他在宣言中说："百姓们，夏桀荒淫无度，劳民伤财，从不爱惜百姓，他如此昏庸，大家都在后面骂他，诅咒他快点去死，他在位期间做的坏事，你们有目共睹。今天，不是我要让大家放下农活跟随我打仗，实在是夏桀过于违背天理，现在我奉着上天的旨意去消灭他，推翻他的统治。百姓们，我希望得到你们的帮助，如果你们谁在战争中立功，一定重重有赏；但如果你们不努力作战，也会被重重责罚！"

夏桀在王宫中听说商汤的部队正在攻打自己的国家，大惊失色，急忙令从属于夏朝的三个小国家——昆吾国、韦国和顾国的军队前来支援夏朝。但商汤早已料到他的行动，一开始就派兵灭亡了支持夏国的韦国和顾国，又打败了昆吾国，使夏桀没有其他军队可以依靠。商汤的大军一路直逼夏国重镇鸣条（今山西运城）。

夏桀被迫迎战，他亲自带兵到鸣条指挥作战，但因为他早就失去了人心，军心涣散，没有士兵愿意为他卖命战斗，一战下来，很多士兵丢盔弃甲，或是逃散，或是投降，夏方溃不成军。

眼见大势已去，再无转胜的可能，夏桀终于气馁，甚至不敢再回到自己的都城，他带着少数追随他的残兵败将投奔昆吾国。商汤一方则高歌猛进，一路乘胜追击，最后还灭了昆吾国。夏桀仓皇之中，带着他的妻子妹（mò）喜又从昆吾国出逃，冲出重围，乘一只小船过江逃到了南巢（今天的安徽巢湖）。

夏桀的王后妹喜，也是历史上有名的妖妃，她是有施氏之女。传言，她喜欢听丝绸被撕裂的声音，夏桀为了讨她欢心，就让人搬来无数精美的丝绸，专门在她面前撕着丝绸玩，这简直是暴殄天物。夏桀和妹喜两人之前一直在夏王宫里过着养尊处优的生活，他们被灭国后一路逃亡，不会动手劳动，最后饿死在了南巢山中。

商汤推翻夏桀统治后，一鼓作气拆毁了夏朝的太庙，烧掉了夏朝的祭器，将夏朝的残余势力逐渐消灭。至此，于公元前 21 世纪初建立、历经四百多年风雨的夏朝彻底灭亡了。之后，约在公元前 16 世纪，商汤建立了商朝，这是中国历史上的第二个奴隶制国家。

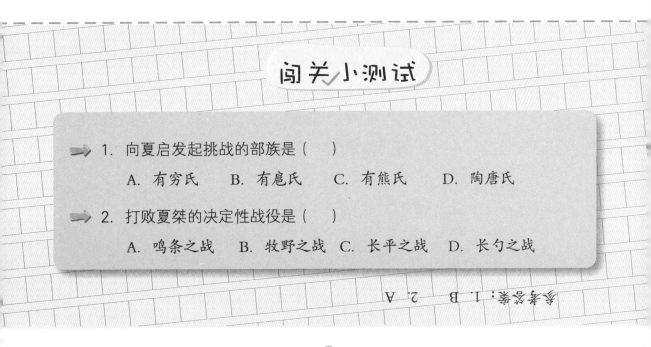

闯关小测试

1. 向夏启发起挑战的部族是（ ）

   A. 有穷氏　　　B. 有扈氏　　　C. 有熊氏　　　D. 陶唐氏

2. 打败夏桀的决定性战役是（ ）

   A. 鸣条之战　　B. 牧野之战　　C. 长平之战　　D. 长勺之战

参考答案：1. B　2. A

商朝：
迷信鬼神的国度

夏朝的国都在哪里？考古发现可能在河南洛阳市偃师二里头遗址，那里不但有大型宫殿的遗址，还有青铜冶铸遗址和不同等级的墓葬。但还没找到确切的证据证明这就是夏朝的国都，所以有人说夏朝可能不存在。

有人也曾经怀疑商朝不存在，后来殷墟被发现，他们无话可说。

商族是东夷的一支，他们以燕子为图腾，敬重鬼神，喜欢占卜。

商人把卜辞郑重地刻在龟甲或兽骨上，这就是中国最早的成熟文字——甲骨文。可笑的是，清朝时人们把这些刻有甲骨文的甲骨当了中药材。

商朝创造了灿烂辉煌的青铜文化。著名的后母戊大方鼎、四羊方尊，静静地诉说着历史。

● 知识链接

玄鸟

商族是东夷的一部分。东夷是我国东部沿海众多部族的统称，以鸟为图腾。

"夷"字很像一个人背着弓，说明夷人擅长射箭，后羿就属于东夷部落。

玄鸟生商的故事，说明商族的图腾是玄鸟。

玄鸟生商

据 考证，赫赫有名的殷商王朝起源于曾经默默无闻的商族。几千年前，商族居住在黄河下游，直到后来商汤时期变得强大起来，推翻夏朝，入主中原。关于商的源起，在《诗经·玄鸟》中有记载："天命玄鸟，降而生商。"而这里提到的玄鸟指的就是燕子。至于为什么和燕子有关系，还请看下面的故事。

相传商人的始祖叫"契"，他的母亲则是帝喾的妃子——简狄。但奇怪的是，契并不是帝喾的儿子。这是怎么一回事呢？原来，简狄和帝喾成亲多年来，始终没能诞下子嗣。这让简狄感到十分苦恼。直到某年，她的两个妹妹提议，一起去郊外祭祀掌管生育的媒神，没准媒神高兴，就赐给她一男半女呢。简狄觉得试试也无妨，于是真的去向媒神祈祷，请她赐给自己一个孩子。

祭祀完成后，疲惫的简狄在妹妹们的建议下，一起到不远处的玄丘之水泡澡，休息一下。在阳光灿烂的春日里，简狄姐妹三人沐浴在清凉的河水中，感觉舒服极了。这时，简狄仰起头，发现一只黑色的燕子从天边飞了过来，在她们的头顶上盘旋。简狄朝燕子挥了挥手。神奇的事情发生了！只见这只燕子像是通人性一般，落到了简狄的手里。还没等姐妹三人高兴地笑出声，燕子便产下一枚卵后径直飞走了。简狄惊讶极了，她小心翼翼地托着手里的卵，凑上前仔细观看：这枚卵看上去小巧玲珑，外壳上还有五颜六色的纹路，看上去漂亮极了！

"姐姐，给我们也看看吧！"简狄的两个妹妹挤了过来，显然她们也对这枚卵很好奇。看到妹妹们的架势，简狄担心她们失手把卵打碎了，情急之下把卵含进了嘴里。未曾想，这枚卵像是有灵性似的，

▲ 商朝的始祖——契

▼ 铜盉

直接从她的口腔中滑到了肚子里。三人全都惊呆了，好在简狄并没感到哪里不舒服。

可没过多久，简狄感到自己的肚子有些不对劲，可又说不上来是哪儿不对，只好请了大夫来诊断。大夫把了脉，直接向简狄贺喜，说她怀孕了。简狄大喜，立刻联想到几天前那枚滑进肚子里的卵，认为这是神明赐给她的礼物。几个月后，简狄生下了一个男孩，取名为"契"，也就是商人的始祖。

简狄十分疼爱契，为了培养儿子成才，她下了大功夫。而契也没让简狄失望。他天生聪颖，母亲教的知识一听就会。长大后，契在尧、舜时期的宫廷里担任"司徒"一职，负责教化百姓。他还曾帮助大禹治理水患，因为立下了功劳，后来论功行赏时，被封在了"商"（大约在现今河南商丘一带）地。自此之后，契的子孙世代居住在这片封地上，并把"商"作为自己的族名。

"玄鸟生商"的故事虽然听上去很离奇，但古人却对此深信不疑，《史记》里就是如此记载，而考古学家也已经从甲骨文中找到了依据。

▲ 《史记》作者司马迁

《史记》为我国历史上第一部纪传体通史，由西汉著名史学家司马迁撰写，记载了上至上古传说中的黄帝时代，下至西汉太初年间约 3000 年的历史。

 # 商汤求雨

汤 即位初年就遇上了大旱灾。这场旱灾一直持续了七年，中间没有下过一场透雨，农田里的庄

◆ 知识链接 ◆

敬神重巫的殷商文化

商朝人非常迷信，无论大小事都要通过占卜来预测吉凶，遇到国家大事时，便让巫师占卜，并举行大规模的祭祀活动。祭祀一般要杀死许多牲畜，有时还用活人祭祀。

稼颗粒无收。

商汤看着严重的旱情，想到百姓的满面愁苦，非常焦虑，却一筹莫展。当时的统治者相信，干旱就是上天发怒了才降给人间的灾难。于是，为了缓解旱情，商汤命人在城郊设立了祭坛，每天都让人举行祭祀活动，以求告慰上苍，平息神明的怒火，从而降下甘露。在古代，这种祭天仪式被称为"郊祭"，常见的做法就是点燃柴火，把牛、羊、狗、猪作为祭祀的贡品，也被称为"牺牲"。

然而，郊祭的做法并没有起到作用，旱情越来越严重。无奈的商汤只得命史官们捧着装满贡品的三足鼎，点燃柴火，然后在祭祀仪式上向天地山川这样祷告："天地有灵，大商之所以会出现旱情，是否因为大王的政令无常，没有法度？是否因为百姓蒙受了冤屈苦难？是否因为朝中小人当道，流言漫天？是否因为朝中有女子干预政事？是否因为大王贪图享乐，修建华丽宫室？为什么不快点下雨呢？"这几句祷告看似毫无关联，其实是通过责备商汤自身的方法，来获求天地原谅，令鬼神降雨，就像"罪己诏"一样。

但遗憾的是，苍天对此无动于衷，仍然没有下雨。

七年过去了，旱情仍在继续，大商也已然到了危急关头。焦急的商汤快要绝望了。最后，他让史官占卜，希望能得到启示。然而占卜结果表示，想要下雨很简单，只需要用一个活人来祭天就可以了。

面对这样的情况，商汤摇摇头说："我举行祭祀和占卜来求雨，本意就是为了解救万民。可如今占卜的结果却告诉我，只有牺牲一名活人才能降雨，

▲ 乳钉纹铜爵

乳钉纹爵属于二里头文化，1975 年在河南偃师出土。

◆ 知识链接 ◆

商朝的疆域

大约在公元前14世纪，商族多次迁都。盘庚在位时，迁都至殷（现今河南安阳小屯村），因此历史上又称商王朝为殷商。

商王朝的疆域远远超过了夏王朝。

那我何不把自己献祭给上苍呢？"

说到这儿，商汤下定决心，要用自己祭天，换取一场酣畅淋漓的大雨！

在侍从的帮助下，商汤沐浴更衣，剪掉了头发和指甲，到未点火的柴堆上，虔诚地向苍天祈祷："此乃我一人之罪过，还望苍天莫要殃及万民；便是万民有罪，汤也甘愿一人承担！还愿苍天护佑我大商！"说完这些话，商汤下令点火。

也许是商汤甘愿牺牲自己的精神感动了上苍，这时突然有雨水点点滴滴地落到了地上。而后，倾盆大雨更是稀里哗啦地落了下来。所有人欢呼雀跃，纷纷宣扬着商汤的伟大事迹。

商汤是以自己为牺牲，向上天求雨而下了大雨，但当中也一定有偶然因素。久旱必会有大雨，这大雨并非是商汤感动了苍天，而是天气变换的必然现象，那时候换成其他人也一样可以求到雨。但此后的商朝统治者看到商汤求雨的显著效果，都会在天旱时期专门举行一种焚烧活人的祭祀，叫"烄"，通常用的是奴隶，特别是女奴隶，这也是一种悲剧啊。

伊尹教导太甲

汤 在位时期，伊尹是他非常得力的助手。伊尹工作认真勤恳，关爱百姓，政绩显著，被后世奉为臣子之楷模。其实，伊尹出身非常低微，他原本只是一个陪嫁奴隶。

夏朝末年，有莘氏把女儿嫁给了商汤。根据当时的传统，大部族嫁女儿时，常常会陪送很多"陪嫁奴隶"，而伊尹就是其中一员。一开始，商汤并没有识别出伊尹的才干，只是让他到厨房里帮忙。也是，谁能想到陪嫁奴隶里也会有治国安邦的大才呢？

陪嫁奴隶的身份是个大问题，伊尹对此心知肚明。为了能接近商汤，向他表明自己的才华，伊尹想了个办法。他的厨艺很好，但为了引起商汤的注意，时而把饭菜做得很好吃，他时而故意将饭菜做得味道古怪。

时间长了，商汤果然察觉到了饭菜口味的变化。他让人把伊尹叫过来，不高兴地说："你这饭菜怎么回事？"伊尹不慌不忙，他先是施了一礼，然后侃侃而谈："您既然能吃出来饭菜味道的差别，想必也明白做菜既不能太淡，也不能太咸，只有把调料放得正好，才能让饭菜变得美味。实际上，治国也是这种道理，怠慢和急躁都不可取，唯有稳扎稳打、恰到好处才是正道。"

商汤惊讶极了，没想到一个陪嫁奴隶居然有这样的见识。他敏锐地意识到，伊尹是个人才！于是，两人越聊越投机，商汤对伊尹欣赏极了。

当时商汤正秘密筹备灭夏大计，身边正需要一个得力助手，于是他解除了伊尹原来的奴隶身份，直接将他任命为右相。后来，伊尹多次为商汤出谋划策，大败夏朝，建立了商朝。在伊尹的辅佐下，

◆ 知识链接

弦外之音

弦外之音本来是指弹奏音乐时的余音，后来比喻言外之意，即在谈话中间接提到，但没有直接说出来的意思，需要听者自己去领悟。

▲ 伊尹

商朝政治清明，社会稳定，经济繁荣。后来，商汤死后，伊尹又继续辅佐了商朝的第二代以及第三代君主，帮助他们及时改正错误，治理好国家。

在商汤的孙子太甲即位不久，伊尹就一连写了三篇文章认真读给太甲听，传授他做一个好君主的道理。太甲即位的前两年还算很虚心，伊尹写给他的文章他都能认真阅读，并认真照办，不敢违背祖宗留下的规矩。可是到了第三年，他就有些骄傲了，他想：我乃是堂堂一国之主，天下一切都应当由我说了算，为什么要听命于伊尹呢？于是，他开始任性办事，将祖宗传下来的法律制度都抛到脑后。他喜欢极尽奢侈的生活，每天都寻欢作乐，渐渐显露出败家子的一面。太甲性情变坏了，伊尹肯定不同意，他先是对太甲一再规劝，提醒他要对自己的行为多加检点。但太甲还是不听话，伊尹看不下去了，就对他说："您作为国君，却不思进取，微臣深恐辜负先君的嘱托，只好暂时对您无礼了！"于是他命人把太甲放逐到了商汤的坟墓处——桐宫。太甲被放逐期间，伊尹并未另立新王，他自己暂时代替太甲管理国家大事。

在桐宫的生活比太甲想的要清苦太多了！这儿虽然是他的祖父——大商开国之主商汤的坟墓，但外形却十分简陋。空旷的墓地上只有一座低矮的宫室，作为他和一名守墓人的共同居所。守墓人是商汤时期的老人了，他在得知太甲是因为不遵循祖宗之法而被流放的后，开始天天给太甲讲述商汤时期的种种往事，描述他们当年建国创业是多么艰苦，教育他以后应该视商汤为榜样，不能再任性胡来了。

一开始，太甲不以为意，甚至还觉得守墓人天天说这些很烦。时间长了，太甲渐渐意识到自己过去的错误，认识到曾经的自己实在太年轻了，明白了伊尹的良苦用心，很自责地想：伊尹一片忠心，我却错怪了他，这真是不该！

从此以后，太甲变得成熟起来，他从

◆ 知识链接

桐宫

桐宫指商代桐地的宫室，传说商汤陵墓就在此地。

伊尹曾将太甲放逐在此地，后来"桐宫"也指被贬的帝王或幽禁帝王的地方。

▼ 后母戊方鼎

后母戊方鼎重 832.84 千克，是已知中国古代最大、最重的青铜礼器，现为国家一级文物，存放在国家博物馆。

小事做起，把桐宫管理得井井有条。就这样，三年过去了，伊尹听说太甲的改变后，感到十分欣慰，于是亲自带领朝中百官把太甲迎回了首都，并把权力重新交还给他。

太甲吸取过去的沉痛教训，开始认真治理国家，商朝又进一步走向了繁荣。

盘庚迁殷

商朝最初建立时，汤把首都定在了亳。当时的他没有料想到，子孙后代会因为首都选址的问题，整整纠结了几百年，先后迁了五次都城。这是为什么呢？其实主要还是"天灾人祸"的原因。"天灾"指的是泛滥的洪灾，因为黄河下游总是水患频发，迫使商人不得不每隔一段时间就换个首都；而"人祸"指的是百年间王位更迭频繁，王族内部矛盾重重，只能用迁都这种手段缓解。当盘庚继位后，为了改变现状，他决定再一次迁都，一劳永逸地解决掉使国家动乱的因素。

这次该迁到哪里好呢？盘庚精挑细选后，选中了位于黄河北边、洹水之滨的殷。这里不仅方便掌控四方，还利于防御外族的袭扰，更关键的是，水患几乎波及不到这里，便于农牧业发展。

但与高瞻远瞩的盘庚不同，商朝大多贪图享乐的贵族目光短浅，根本看不到迁都的好处，他们十分反对盘庚的决定，甚至还暗地里煽动平民反对。

作为一代雄主，盘庚即使面对如此强大的反对势力，也没有妥协。他直接把那些反对派贵族叫到一起，对他们摊牌："我知道你们很多人舍不得旧都的财富与权势，为此不惜反对我。但我还是要说，我做迁都这个决定，不是为了我一人，而是为了国

◆ 知识链接

九世之乱

商朝传至商王仲丁时，国力开始出现衰落的迹象。加上当时商朝的继承制度是以"兄死弟及"为主，以"子继"为辅，因此出现了多次王位纷争，国都也迁徙了好几次。

这次动乱从仲丁到阳甲期间历经九王，直到盘庚迁殷后才算最终结束。历史称之为"九世之乱"。

家的安定。再看看你们！什么牛鬼蛇神、魑魅魍魉全冒出来了！你们以为让流言四起，引发惊慌，就能让我改变主意了吗？不可能，想都不要想！"

盘庚一席话让反对派贵族们脸色大变，冷汗连连。紧接着，盘庚又在迁都前当众下令："不管是谁，只要阻拦迁都，或者在过程中使坏的人，我都不会放过他！"

在盘庚的威慑下，旧贵族即使再不甘心，也只

迁都

迁都指一个国家将原定的首都迁移到另一个城市，是主要行政中心的转移。

古时候，大多数国家都面临着不稳定的政治、军事、经济环境，因此历史上迁都非常频繁。

能听从他的话，乖乖和大量平民、奴隶一起，从旧都搬迁到了新都城——殷。

以后世的眼光看来，盘庚迁殷的做法不光让商朝自此避免了水患侵扰，更是摆脱了旧都城内盘根错节的贵族势力，确立了商王的权威，使盘庚在朝中的话语权大大加强，重新构筑了朝堂局面，商朝自此进入一段政治、经济稳定发展的时期。

值得一提的是，盘庚在刚刚搬迁到殷地时，这里基本还是一片空地。因此，他下令驱使着奴隶们夜以继日不停劳作，飞速修建新王都。很快，在奴隶们的努力下，一座广阔的崭新王都屹立在中华大地上。

据考古学家考证，殷都的城市建设与规划十分科学，占地面积广阔的偌大王宫是殷都的核心地带，在它的外围是一大圈人工挖建的壕沟。根据需要，可以随时引水灌入，摇身变成护城河。在殷都之外，是专门划分出来的手工作坊与居民区，前者是工匠们从事青铜铸造冶炼、制陶、雕刻玉石等手工业的地方，后者则是平民们的生活区。

▲ 甲骨文

盘庚迁殷后，直到王朝灭亡，商朝再也没有迁过都。

武丁盛世

武丁是盘庚的侄儿。盘庚死后，他的弟弟小辛继位。小辛去世以后，武丁的父亲小乙又继位。

▲ 傅说

傅说是殷商时期著名的贤臣，先秦史书记载为商王武丁时期的丞相。

◆ **知识链接**

奴隶

奴隶是指失去人身自由，被奴隶主任意驱使并为他们做事的人。

沦为奴隶的人，大多为战争中的俘虏或是罪犯。这种奴隶主驱使奴隶的制度，被称为奴隶制。

我国战国以前一直为奴隶制。王公贵族拥有大量的奴隶。

但小辛、小乙都没有什么治理国家的才能，商朝又开始逐渐走向没落。

但就在这个商朝渐渐衰落的时间点，英明神武的武丁横空出世，硬生生使衰败的商朝重新焕发生机。

商朝国君小乙在位时期，因为听信小人的谗言，把还是少年的武丁从王都赶了出去。接下来很长一段时间，武丁都在民间颠沛流离。偶然间，他与一名叫傅说（yuè）的奴隶相识于微末，并注意到对方的才干。傅说虽然是一名地位不高的奴隶，但对各种国家大事了然于心，武丁也认为他胸有韬略，早晚会成大器。某天闲聊时，武丁半开玩笑地说："等哪天我成了商王，相国的位置我会专门给你留着。"傅说笑了笑，不置可否。他并不知道武丁的真实身世，自然以为同伴在说玩笑话。

后来，商王小乙去世，武丁重新回到朝堂，成为至高无上的商王。经过多年深入民间的了解，他决心挽救这个日渐衰落的国家。但武丁深知自己才刚即位，在朝中的根基太薄弱，他需要培养班底来大展宏图。究竟找谁好呢？很快，武丁想到了奴隶傅说，才华横溢的他是最合适的人选！

但由于当时的限制，武丁不能直说让一名卑微的奴隶做官，那样的话置朝中的大臣们于何地？为了不让大家有借口反对，武丁干脆编造了一个谎言："我做了一个梦。在梦里，我遇到一名才高八斗的贤人。天帝为了锻炼他，让对方成为了奴隶。如今这名贤人就住在傅岩，你们快去把他找来，有了他的辅佐，何愁大商不兴？"然后，武丁把傅说的相貌描述了一遍，让画师画下来。在确认画像和印象里傅说模样差不多后，武丁高兴地让手下们去傅岩按画像寻人。

　　大臣们对于武丁的命令感到很不理解，甚至觉得商王把梦当成现实，实在太

傅说当时正在做杂役

离谱。但奈何王命难违，大臣只好硬着头皮去执行。

这天，领了王命的大臣抵达了傅岩。在拿着画像与当地的奴隶一一比对后，他发现了傅说。大臣既惊又喜。惊的是商王说的是真的，居然真有人和画像长得一模一样；喜的是自己圆满完成了商王的任务。

大臣和颜悦色地对傅说讲明了情况，让奴隶主为他打开镣铐，并给"贤人"换上一身华丽的服装，扶着他上了车，亲自护送到了王宫。

再说来到王宫的傅说，他迷迷糊糊，感觉像是在梦里一样。自己这样的奴隶怎么会来到王宫呢？这时，商王驾到。傅说不敢怠慢，立刻恭谨地跪在了地上，连头也不敢抬。

武丁瞧见傅说，挥挥手，让大臣们离开。随后，他走到傅说面前，笑着说："傅说，你抬头看看我是谁？"

傅说战战兢兢地抬起头，瞪大眼睛，震惊极了。武丁笑着把事情的来龙去脉对他讲了一遍。

第二天的朝会上，武丁当众宣布，任命傅说为相，处理朝政。大臣们也没反对，毕竟这个时代，武丁"梦中贤人"的说法还是很站得住脚的。

在傅说的辅佐下，商朝迅速恢复元气，从衰败的境地逐渐走向强盛。与此同时，雄才大略的武丁高举"天命"大旗，率领大军东征西讨，大大拓展了商人的势力范围。历史上把这段时期称为"武丁盛世"。

▲ 女将军妇好

妇好是商王武丁的妻子。她是一位能征善战的女将领，曾经多次参加对外作战，比如伐土方、伐羌方、伐夷等。

在这些战争中，妇好常常担任商军的最高统帅，率领千军万马作战。

武乙射天

武丁去世以后，又过了许多年，后人武乙继承了王位。武乙，其名为瞿（qú），即位以后，大力整顿军队，加强武器设备，决心用武力去征服周围的叛乱方国。武乙曾带领重兵征讨西部以旨方为首领的叛乱国族，居然一次就俘虏了将近两千人。受制于武乙的武威，周边方国都逐渐平服下来，商王朝的统治也暂时趋于稳定。

但正是由于他显赫的战功，武乙骄傲狂妄的情绪也随之滋长了，他认为自己非常能干，上帝天神也没什么了不起的。为了打破传统的上帝天神崇拜，加强自己的王权专制，他令工匠雕刻了一个木偶，并给它取名为"天神"。武乙将"天神"木偶放在宫廷中，并要与"天神"木偶进行投掷比赛。

这时候，一个史官说："大王呀，这个木偶不会投掷。"武乙回答说："那就由你来代替他和我比赛投掷吧。"但区区一个史官怎敢和商王一较高下呢？于是，这个史官只好应付比赛，结果也显而易见，武乙连赢三局。武乙说："你不是号称可以替天神言事吗？那为什么还会输？可见这天神并不灵验。"接着，武乙就命人将木偶的衣冠剥去，

知识链接

武乙

作为商代后期的一位重要君王，武乙整顿军队，努力挽救衰败的国势，但是成效不大。

武乙在神权政治向王权政治转变过程中起到榜样作用，但是他生性残暴，贪于享受，被后人评价为残暴的君王。

▼ 青釉弦纹尊

拉出去痛打一顿。在场的史官们都吓得脸色苍白，却只敢在心中偷偷责骂这个"无道之君"。

　　但武乙并未就此罢休，他又命工匠缝制了一个皮革袋，将里面灌满牛羊血。这个皮袋被挂在宫廷外广场中的一根高高的木杆上，武乙拉起弓箭，仰天而射。这个行动被称为"射天"。皮囊很快被他射破，里面的鲜血从皮囊中的破洞处直淌下来。武乙站在下面拍手呐喊："你们看，天都被我射流血了。可见天神一点也不中用！"在场的人们看着他狂妄的举动，都敢怒而不敢言，只能对他当面夸赞，暗地里却都骂他是个疯子、傻子。武乙自从当众羞辱了作为"天神"的木偶以后，变得更加肆无忌惮。

就在这期间，周侯季历大败了西方的一个部落，还俘虏了二十个部落的大小头目。捷报传来，武乙非常兴奋，自己亲率一队人马向西方出发去打猎，表示庆祝。他顺着路越跑越远，竟一直跑到了如今陕西境内的黄河与渭水之间。一天，武乙正骑马在一座山上打猎，突然就下起了雷阵雨，他的衣服都淋湿了。突然一道暴雷下来，武乙没来得及躲避，被击中而当场死亡。

后来，那些迷信天神的史官就说，这是武乙触怒天神遭报应了。客观来讲，在历代商王之中，武乙算个有作为的君王，他敢于藐视天神，打破神权迷信，加强王权统治。至于最后被雷击死，只是他不懂得科学，在山顶上打猎却不知躲避雷雨的结果。

纣王伐东夷

▼ 司母辛四足觥

商朝的最后一代君主叫帝辛，他被后世称为纣王。"纣"并非是一个好名字，古代称为"纣"的都是那些缺少仁义的人。你一定看过《封神演义》这本书吧！书中描绘的纣王异常残暴，只追求无度的享乐，还陷害忠臣，总之是坏极了。在中国历史上，帝辛一直被公认为暴君，与夏桀齐肩。这是千百年

知识链接

武乙真正的死因

部分学者推测，武乙死于雷击的说法或许是仇恨他的巫师们自己编造的，他们仇恨武乙，让人相信这是报应。

史书记载，武乙晚年时在渭水流域连年用兵，他极有可能死在征伐西方部落的战场上。

东夷的壮大

武乙在位时，商朝东方的东夷部落逐渐强大起来，他们迁移到淮河、泰山附近，其势力触及商朝统治的中心地区。

来纣王给人们留下的印象。

但其实，据部分史书记载，纣王并非只有残暴的一面，他还有另外一面。他天资异常聪颖，思维反应敏捷，而且力大无穷，是罕见的大力士。他可以空手和野兽格斗，与牛比试力量，据说他甚至能把九头奔跑中的壮牛拉得个个倒退。

纣王即位初，曾励精图治，也有过一些作为。他在位之初的政治还算清明，诸侯也还听他的命令。只有一些夷人时不时地骚扰商朝边境，掠夺财物和人口，他们对商朝来说是个威胁。纣王的父亲曾经和东夷作战过，但都无功而返。

于是，纣王一即位，就决心御驾亲征。他大力召集各路诸侯，还在军前讲话鼓舞士气，然后便带着大军开赴前线。尽管东夷各部都联合起来顽强抵抗，但终究挡不住纣王的攻势。夷人非常擅长使用弓箭，但纣王对军队指挥有方，经过商军一阵冲杀，他们突破了层层包围，俘虏了大部分东夷人的部队。据说，当时商军从山东西南部开始，一直打到了山东胶东半岛的沿海地区，降服了很多东夷部落，成千上万的东夷人被俘虏，商军大胜。

纣王的军队在东夷大胜以后，浩浩荡荡返国。纣王在途中遇到有风景好的地方，就流连几天；碰上了好的围场，他也会狩猎一番。他们一路边走边玩，兴致非常好。直到第二年的春天，王师才全部抵达都城。为永绝后患，纣王还建了一条直通东夷的大道，便于他能够迅速调兵。自此以后，中原和东南一带的交通也得到开发，中原地区的文化也因此逐渐传

▲ 商代象牙杯

◆ **知识链接**

对纣王征东夷的评价

后人评价商纣王讨伐东夷时，多是负面的。春秋时晋国大夫叔向评论道："纣克东夷而陨其身。"

播到东南地区，加速了那里的发展。这样的战争虽说也有掠夺性的一面，但客观上来讲也加速了中原的先进文明向东部的传播，推动了民族融合。

商王朝这种强大的"中兴气象"，也使纣王的骄傲情绪迅速滋长，他开始变得独断专行，且自以为是。后来的他只听得进去好话，却不能虚心接受批评。这样以后，商朝就陷入了危险。

残暴的纣王

传说纣王生性暴虐，极度追求享乐，也发生了很多骇人听闻的故事，流传至今。比如，他曾设计一种酷刑叫"炮烙之刑"，是用炭火将铜柱烧热，然后让人在烧热的铜柱上被活活烤死或烧死。他和妃子妲己就站在一旁，大笑着看着这种惨状。一些忠正的大臣对纣王好言相劝，但纣王却根本听不进去，也从不认错，只是死硬到底。那些忠臣常常因此遭到迫害，轻者会终身残疾，重者则是全家丧命。

司马迁在《史记》上就记载了这样一个故事。纣王听说九侯有一个非常美丽的女儿，就将她纳入了后宫。可这个女孩子非常正直，并不愿意陪纣王寻欢作乐，于是纣王一怒之下就杀了她，还对九侯施以酷刑，将他剁成肉酱，并将肉酱分赏给诸侯们吃。大臣鄂侯前来劝阻，纣王却把他也一块儿给杀了。

这件事情传到了周国西伯姬昌耳中，他低声叹了口气。但是谁知道隔墙有耳，被纣王的心腹崇侯虎偷听到了，他把这件事情告到了纣王那里，说道："西伯对您有不满呢。"纣王非常生气，将西伯擒来，质问道："你身为西伯，我给你了尊贵无比的地位和享不尽的荣华富贵，你为什么还叹息？"西伯非常害怕，再三叩头表示谢罪，更不敢回答。纣王说："你叹息就是对大王有所不满，快来人，把他给我关到羑（yǒu）里！"羑里就是当时的监狱。不仅如此，在姬昌被囚禁期间，纣王还将他的儿子伯邑考也处决了，并做成肉汤让姬昌喝。姬昌假装不知道发生了什么，把肉汤喝了，但其实眼泪一直往肚里咽。纣王非常得意地说："你们都说姬昌是圣人，可是他这不是连自己的儿子都吃嘛。"

在纣王统治期间有一些非常正直的人，他们对商朝的前景无比焦虑。一次，纣王同父异母的哥哥微子、纣王的叔叔箕子和比干坐在一起议事。微子非常痛心地说："我们的祖先打拼下来的江山现在可是岌岌可危呀。与其看着江山日趋衰落而闹心，倒不如离家出走好了，你们都不要拦着我。"箕子说："若是我大商灭亡，我宁愿殉国，也不会做亡国奴的。但是，我认为你离开这里倒也是一条正道，也许以后还有复国的希望。"于是，微子走了。

比干却是一个宁折不弯的大臣，他说："我作为臣子，就要尽臣子该尽的本分，主上发生过错我却不说，这就是不忠，即使把我杀了我也不后悔！"于是比干抱着必死的决心上殿向纣王建言献策，要求纣王马上停止暴政，改变自己荒淫的行为，贬斥奸佞之臣，重用有才能的大臣，重振朝纲。他连续三天向纣王进谏，纣王被他问得无话可说，开始恼怒，说道："我曾听说圣人的心是有七窍的，王叔一向将自己视为圣人，那何不把自己的心掏出来，让我们大家也开开眼界，看看是否如传闻所说的那样！"说罢，纣王下令将比干的胸膛剖开，取出了他的心脏观看，还用火焚毁了比干的脸。

▼ 四羊青铜方尊

比干惨死的消息迅速传遍了朝廷内外，大臣都感觉非常寒心。纣王的兄长箕子为躲避杀身之祸，披散自己的头发，把衣裳撕破，将自己装扮成奴隶的模样，假装已经疯癫。但是纣王还是没有放过他，将他抓起来，囚禁在了牢狱里。

商朝主管祭祀的太师与主管礼乐的少师看到如此情形，都知道纣王已经不可救药，就将宗庙里的祭器以及各种乐器都收拾起来，一同投奔周国去了。

于是，在商王朝命运开始下坡的时候，西伯姬昌统治下的周国却蒸蒸日上，呈现一派繁荣的景象。

闯关小测试

➡ 1. 商的祖先名字叫（ ）

    A. 稷　　B. 契　　C. 鲧

➡ 2. 帝辛是哪位商王的名字？（ ）

    A. 纣王　　B. 盘庚　　C. 商汤

➡ 3. 四羊方尊是哪个朝代的青铜器？（ ）

    A. 商代　　B. 周代　　C. 秦代

参考答案：1.B　2.A　3.A

西周：
凤鸣岐山

周族有着悠久的历史，传说他们的祖先是谷神后稷（jì）。

为了寻找富饶的土地，周族人几次迁居，跋山涉水，最终在岐山脚下扎了根。

这是一个吃苦耐劳的农耕民族，它的精神气质深深影响了后世的中华民族。

周文王以仁义立国，善待百姓，国势蒸蒸日上。有一天，人们听到凤凰在岐山上鸣叫，这寓示着国家出现了圣人。

后稷播百谷

相传，周的始祖名为"弃"，他的母亲叫做姜嫄，是有邰（tái）氏之女。关于姜嫄生下弃，历史上有这么一段离奇的传说。

据说有一天，年轻贪玩的姜嫄在家里面闲得久了，就约了几个女伴一起到郊外去游玩。走在路上，突然发现路正中间有一个非常巨大的脚印。姜嫄非常好奇，就忍不住走到脚印前去，将自己的脚踩入

◆ 知识链接

始祖生育传说

在古代的历史传说中，关于一个民族或一个王朝的始祖常常会有很多很离奇的生育传说，像本书中商族的始祖契的出生故事、周族的始祖后稷的出生传说。

地上的足印里，她想比比看到底大出多少。哪知一踩上去，她的身上就像受了震动一样，出现了异样的感觉。回去不久以后，姜嫄就发现自己怀孕了。

一年以后，姜嫄生了一个小男孩。但因为这孩子的来历确实很奇怪，甚至连在母亲肚子里待的时间都比别人多了两个月，她觉得这孩子一定是个不祥之物，就决定把他扔掉。

起初，姜嫄将孩子扔在小巷中，想着让牲口将他踩死。但是谁知道，这孩子在路当中，过往的牛马似乎是受到什么指示一样，都避开这个孩子。于是，姜嫄只好把孩子从小巷中抱回，又把他扔到山林里，想着山林里有那么多野兽，孩子一定会被吃掉。但谁知，不但没有野兽来伤害他，居然有路过的伐木工人瞧见孩子可爱，拿来食物喂他，并给他盖上了厚厚的衣服。姜嫄无奈，只好又把孩子抱回来。这次之后，她把这孩子独自丢在结了厚厚的冰的河面上，希望孩子能被冻死。谁知这个孩子刚放上去，突然天上降下了一只大鸟，用自己的羽翼覆盖、温暖着他。姜嫄看到如此情况，觉得这个孩子一定有上天的保佑。于是她把孩子抱在怀里，下定决心以后要好好抚养他。由于孩子曾三次被抛弃，姜嫄就为他取名为"弃"。

姜嫄抱着弃回到了有邰氏部落，开始了新生活。弃是个神童，从小就聪慧过人，谈吐举止一点都不像小孩子，要远比部落里同龄的小孩成熟许多。有邰氏是一个以农耕生活为主的部族，受此影响，弃对各种农业有关的事情都很在意。随着他年龄渐长，

◆ **知识链接**

后稷

"后"指帝王，"稷"指谷物，后稷姓姬，名弃，在尧舜时期掌管农业，是周朝始祖。

后稷生于稷山（现今山西省稷山县），被后人称为稷王、稷神或者农神。

后稷在很小的时候就很爱种植麻、菽（shū），长大后，他能准确地判断土地的肥力，擅长种植谷物。

尧对后稷的行为很赞赏，将古邰城（今陕西武功县）封给他。

越发迷上了种植。他每天都泡在田间，并且乐此不疲。由他精心培养的各种农作物也都长得非常茂盛，不但茎秆粗壮，而且籽粒饱满。弃还总结整理出了从选种、耕地到除草等一系列完整高效的耕作程序，大大提高了农作物的产量。周围居住的人也都慕名而来，向他请教种植技艺。

这些事情传到了尧的耳边，尧就任命他为掌管农业发展的"农师"。果然，尧的决定是正确的，弃的农耕技术非常精湛。他把自己的经验传授给人

◆ 知识链接

大豆、麻

大豆，古代称为菽，它的种子里含有丰富的蛋白质，至今已有几千年的栽培历史。

麻，可以食用，主要用于榨油。

◆ 知识链接

粟

粟在古代指一种能结黍子的农作物。黍子煮熟后有黏性，用来酿酒、做糕等。

民，向百姓推广各种种植技术。另外，弃还带领人民成功培育出了一些高产的新作物，比如黍（即黄米）、麦子和大豆等。而且弃种植的麻是纺织衣服的重要材料。

尧去世以后，舜继承了帝位。当时，朝廷有"四岳"，分别就是弃、禹、皋陶和契四个人，而弃则专门负责掌管农业。为了褒奖弃立下的功绩，舜做了一个重要决定，那就是把原来有邰氏活动的地区

作为封地赐给了弃，还额外授予他官职——后稷，赐姓为"姬"。要知道，在那个时期，被统治者赐予姓氏，可是一项殊荣。

由于弃的卓著贡献，后世的人们就将他奉为神明。而后世用的"社稷"这个词里面的"稷"，其实指的就是谷神后稷。《诗经》里也有一首诗叫做《生民》，就是表达周人的后世子孙对后稷的怀念。这首诗的大意是这样的：

> 后稷种庄稼，学问真不少。
>
> 除去田中草，好谷长苗茂。
>
> 吐芽又含苞，苗壮渐长高。
>
> 茎长谷花香，秆坚穗匀好。
>
> 穗垂籽粒实，就要进家了。

公刘迁豳

禹 和启建立夏朝以后，弃的子孙后代一直沿袭着后稷的封号，长久以来为夏朝担任农师。这样的情况一直延续到了不窋（kū）。不窋生活在夏朝末期。当时朝政混乱，民不聊生，朝廷荒废农业，不再重视全民务农。于是，被迫丢官的不窋为了躲避乱世，不得不带领家人和部族，浩浩荡荡地离开原本的居住地邰（今陕西武功），一路朝北方而去，最终在今天甘肃庆阳一带才定居下来。

据相关专家考证，"不窋"二字，认为这个"不"等同于"丕"，也就是"大"的意思；而"窋"则是"窑洞"，从这两个字中可以推测出，当时的周族是过着穴居的生活，还没有出现地面建筑。

周族的兴起始于公刘。公刘作为不窋的孙子，忠厚老实，聪明勤奋。从小就受到了祖父和父亲的悉心教导，因此也精通祖辈传承下来的农业种植技术和知识，并且还自创了一些先进的工具和技术。例如他很小就已经用葫芦做出了舀水的瓢来，而且发明了一种用泥土涂墙、从而使砖墙更加牢固的技术。

公刘成年后，他从死去的父辈那儿接过了首领的位置。在其位，谋其政，身份地位和过去截然不同的公刘，感受到了身上的重任。他决定要带领全族过上幸福生活。可该怎么做好呢？公刘想到自家

◆ **知识链接**

甘肃

　　甘肃在大禹时期分九州，因地处雍、凉二州，因此旧时称"雍凉之地"。商代时，周始祖带领部族来到此地，发展农业。

什么叫"三坟五典八索九丘"？

　　"三坟五典"指三皇五帝时代的书，"八索九丘"指八卦和九州之志。这些是对上古之书的统称。说一个人精通三坟五典、八索九丘，是在夸他有学问。

是因农耕种植而崛起，于是很快有了主意。他不光把自己家传的农耕知识公布给其他人，还继续钻研更先进的农耕知识，并及时分享给所有人。与此同时，公刘还对已有的农田进行了系统规划，组织大家规模化、系统化地种植。就这样，公刘渐渐实现了自己的梦想，让每个人都过上了富足的生活。

但这里能够耕种的土地范围相对狭小，而且土地也不够肥沃，发展空间十分有限。这让公刘非常苦恼，于是他开始利用闲暇时间，四处考察。终于功夫不负有心人，一次，公刘沿着向南的山路一直走，穿过了好几个丘陵，突然发现一片广袤的平原，这即是豳（bīn）地（如今的陕西旬邑一带）。这让公刘欣喜万分，这就是他一直想要寻找的那片乐土。

于是，公刘一回去，就开始说服大家搬迁，他原以为这个过程要费很多口舌，却没想到他一提出这个想法，很多人就答应了，这多是得益于公刘长期以来的个人魅力和领导才能。于是族人都开始齐心准备，将粮仓的粮食制作成干粮，并大袋小袋地包装起来。待到大家都已经准备齐整，公刘就率领众人出发了。他们由庆阳一路往南，穿过山野，终于到达豳地。当大家看到眼前这一片肥沃的土地时，无不对公刘的高瞻远瞩感到心悦诚服。人们在这里住下来以后，公刘又开始率领族人开山伐木，辟野修林，建造自己的家园，从此以后，这里也一天比一天繁荣起来。

公刘手中握着生产工具

▲ 为周族立下大功的公刘

定居岐山

公刘去世以后，又历经了八代君主，国君的位置传到了古公亶（dǎn）父手中。他便是以后周朝的奠基人，后世周人都尊称其为"太王"。

古公亶父生活于商朝的后期，他性格宽厚，向来以仁德著称。他自从继承了先祖留下的基业，就以远超旁人的政治嗅觉，广泛推行仁政，大力发展生产，使周族的居住地——豳，以及周人的统治范围，呈现出繁荣的景象。

但是，周国的愈发富饶引来了西边戎狄的垂涎。那时候的戎狄部落还较为落后，靠打仗以及掠夺邻人的财富为生。他们肆意进攻周国，并且蛮不讲理地向他们索要财物。不仅如此，他们还要继续进攻，想获得土地和人民。豳地百姓被戎狄激怒了，纷纷主张打仗。

古公亶父对此却有不同的看法，他说："自古以来，百姓们拥戴领袖，无不是希望他们能保护大家的利益，带领大家过上幸福生活。如今戎狄来犯，是为了我麾下的百姓和土地。既然如此，我不如离开这里，百姓不论是在我麾下，还是在戎狄的统治下，只要能福乐安康，就算我受了委屈也心甘情愿。大家现在想打仗，是为了维护我，可我实在不忍心！"为了减少老百姓打仗的损伤，

◆ **知识链接**

古公亶父的真名

古公的真名是亶，后面加一个"父"字，表示尊敬，并不是名叫"亶父"，"古公"也是尊称。

《周颂》

《周颂》是《诗经》中一部分篇目的总称，共三十一篇，是周王室祭祀鬼神和歌颂祖先的诗，透过《周颂》中的文字，我们可以部分了解周王室祖先的生活。

他便悄悄带着几个亲信，在夜晚离开了已经居住多年的豳地。

古公亶父他们一行人一路向南迁徙，翻山越岭，渡过湍急的漆水和沮水，一直到岐山脚下的一片平原，这里水资源丰富，气候宜人，土壤肥沃，非常适于农耕与狩猎，而且还有岐山山系作为生存的天然屏障。古公亶父非常激动地说："这是上天赐给我们周族的土地啊！"

豳地的老百姓发现古公悄悄离开他们了，怀念地说："古公亶父是个好人，我们要跟从他！"于是，老百姓都带着一家老少赶到岐山。而周围邻国中的仁义贤明之士也都来归附他。从此以后，姬姓部落中的人被称为"周人"，意思就是居住在周原的人。

从这以后，古公亶父率领麾下的部族大干起来。他们先是划分好农田，然后修建了农田水利设施，开垦耕地，发展农业生产。不仅如此，古公亶父还

◆ **知识链接** ◄

周原

周原位于岐山脚下，是周族早年的定居地，位于今天陕西省岐山县和扶风县两县交界处方圆20公里的范围内，当地出土了周王室的宗庙、墓葬和文书档案等文物。

▼ **宗庙**

宗庙是儒教祖先崇拜的产物。人们为亡灵建立的居所就是宗庙，是儒家活动的场所。

按照我国的宗庙制度，帝王设七庙祭祀七代祖先，诸侯设五庙，大夫设三庙，士设一庙。庶人不准设庙。

同时宗庙是供奉历朝历代国王牌位、举行祭祀的地方。

把都邑、宗庙与太社全建设在这里，还分封官职，拟定国号"周"。此后，古公亶父也被尊为"太王"。

《诗经》中有这样一首专门歌颂古公亶父的功绩的诗，大意如下：

后稷好后代，

第一周太王。

定居岐山下，

从此灭殷邦。

太伯让国

▼ 太伯

太伯是吴国第一位君主，是东吴文化的宗祖。

在周太王率众人迁至岐山的同一年，他的三儿子季历喜获一子。当时太王听说儿媳太任生下了长孙，而且这天是天降祥瑞，于是他喜出望外，立马赶往探看。

他回去以后，瞧见自己的小孙子长得是龙颜虎肩，颇有仁君风范。太王宠爱地抱着小孙子，越看越是喜爱，竟欣喜地说出这么一句话："我大周国以后的兴旺昌盛就看他的了。"他还给自己的长孙取名为昌，即姬昌。但是言者无心，听者有意。这句话在常人听来只不过是随口说出来的一句喜庆话，但却有一个人听在耳里，记在了心里。这个人，就是太王的长子太伯。

原来，周太王共有三个儿子，大儿子是太伯，二儿子是仲雍，三儿子就是上面提到的季历。当时，太伯和仲雍还都没有自己的儿子，唯独这位季历夫人太任，为太王生出了第一个孙子。周太王平时就最喜欢季历，现在季历还让他抱上了自己的孙子，自然是非常欢喜。

按照周国的惯例，太王死后的王位应是传给太伯。但太伯为人老实厚道，相比之下季历却聪明能干。因此，太王其实更喜欢季历，私心是想将王位传给季历，以后再传给姬昌的。

大儿子和二儿子都理解父亲的意思，也知道弟弟季历才能非常出众，更适合去领导这个国家。于是，他们决定主动离开，不想让父亲为难。

一天，太伯把季历叫过来说："父亲现在年纪已经大了，身体也不如往常好，我听说南方生长着一种仙草，吃了就可以延年益寿，我和仲雍准备去把这种仙草采回来，这是我们作为人子应尽的孝道。今后家中的事，就交给你负责了。"

季历听了感觉有点奇怪，但两个哥哥没再多作什么解释就告辞了。二人毅然决然地离开了，一直跑到了南方的荆蛮之地，也就是现如今的长江中下游一带。这里远比中原落后，到处都是莽莽苍苍，这里的人们过着渔猎的生活。

于是，他们学着当地人的样子，将头发披散开，刻着文身，表示自己入乡随俗，决心再也不回中原了。当地原住民尊敬他们，并拥戴太伯为首领，他们建立了国家，自号"句（gōu）吴"，太伯就成了吴国的始祖。

太王病重，太伯和仲雍兄弟俩赶回探望，季历

● 知识链接

孔子对太伯的赞颂

孔子歌颂太伯说："泰伯（通太伯）可谓至德者矣，三以天下让，民无德而称焉。"就是说太伯是个品德极其高尚的人，多次想把王位让给弟弟季历，老百姓都找不到合适的词句来称赞他了。

商周时期，马车是较为常见的出行工具

见到了阔别多年的哥哥们，非常感叹他们的良苦用心。他诚恳希望哥哥来继任这个王位，但太伯坚持拒绝，他说那里的吴国百姓还等着他回去，那才是真正属于他的天地。

于是，太伯去世后，仲雍继续领导吴国。他们兄弟二人开发江南，为传播中原的先进文化贡献了自己的力量。

商周结怨

在周朝的历史上，季历以雄才大略，英明神武而著称。在他父王死后，刚刚即位的季历遵循古礼规定，按捺住渴望建功立业的心情，亲自为父王守孝三年。等到孝期满后，季历便大动干戈，向程国发起进攻。

第一仗为什么要先打程国呢？这是由程国的地理位置决定的，它是周国东进的必经之地。季历攻取了程国，同时也收复了之前周先祖弃曾居住的郇地。

过了几年，北边的戎狄部落组织建立的义渠国传来消息：义渠国君主病危，两个儿子暗中争夺君位。这对季历来说是个非常好的时机，因为义渠国在今甘肃庆阳一带，若是能顺利攻下义渠国，不但能够收复太王失去的豳地，还可以将先祖不窋以及公刘曾居住的地方也一并收复回来。

◆ **知识链接**

守孝

　　古时候，父母去世后，作为儿子要为父母守孝，在家里居住，禁止娱乐和交际，以表示哀悼。按照礼法要守孝三年。

　　孔子的学生宰予认为三年太长了，一年就可以了，他因此被孔子严厉批评。

▲ 能征善战的季历

　　季历是周太王的小儿子，周文王的父亲。他非常仁义，成为首领后，带领部族兴修水利，发展农业，并训练军队，又与商贵族任氏通婚，学习商朝的文化。在商王朝的支持下，他率兵攻打周围戎狄部落，不断增强自己的实力。

　　商王文丁时，季历被封为"牧师"，成为西方诸侯的首领，后因为遭到妒忌，被文丁软禁绝食而死。

　　于是季历立刻决定出兵北伐。这是天时地利人和的好时机，他们一口气打回了老家，大获全胜，还俘获了义渠国的君主，占领了义渠国国土，大大拓展了周国北边的疆土。

　　这个消息传到商都，商王武乙也颇为高兴，因为商朝也遭受着戎狄的侵袭，这为他们解除了忧患。因此，武乙对他大加赞扬，并以公爵的礼制封赏他，赐给他玉器和马乘。

　　此后，季历再接再厉，带领周国继续攻取西落鬼戎，大获全胜，还俘获了敌方的二十个部落首领。商王文丁即位后，季历又多次立下大功，商王大喜，封季历为牧师（主要掌管全国畜牧的官员），这样，季历就成了商王朝西方诸侯之长。随后，季历又向东不断扩张，其势力一直发展到如今的河南西部。这下，周的扩张强大让商王感到了不安。

　　于是，为了遏制周族势力，商王文丁借封赏之名，召唤季历到殷都，名义上是封他为"周西伯"，但实际就是将他软禁起来。姬昌得知自己的父亲被软禁起来的消息后，非常着急，搜罗了许多珍宝给商王送去，希望能放过父亲。但商王不为所动。

　　后来，又有很多为季历说情的人，这其中不仅有朝中大臣，还有各方诸侯。而同时，季历也在想尽各种办法逃走。这种情形让商王更担心了，迅速给季历安上了"图谋不轨"的罪名，将他处死了。

自从这件事以后，周商矛盾激化了，仇恨的种子也从此在周商之间埋下了。季历被处死之后，为安抚周国，商王将"西伯"的封号给了他的儿子姬昌，这便是历史上的周文王。

三分天下有其二

姬昌即位以后，一刻也没有忘记过杀父之仇。因对纣王表现出不满，他曾被囚禁在羑里。在囚禁的苦闷日子里，他认真研究伏羲的八卦，将它推演为六十四卦，这便是著名的《周易》。为了救出文王，周国的大臣陆续给纣王送了很多奇珍异宝，纣王这才把他释放了。

回到周国后，文王更加坚定了灭商的决心，但他清楚，灭商是件大事，需得到天下所有人的响应，只有天下人都选择拥护你，你才有足够的实力。于是，文王发愤图强，努力改善民生，广交各路诸侯，以仁义立国。这样日子久了以后，文王的威望在诸侯国中越来越高。

一次，虞、芮（ruì）这两个小国的国君因一块田地的划界问题发生争执，谁也不愿退步，最后他们决定去找西伯评理。他们一进入周国国境，就看到农田里，两个农夫遇到都互相让路；朝廷中，官员们都互相尊敬，讲究礼数。二人非常惭愧，感觉自己没有脸面登上君子之堂。于是还没等见

◆ 知识链接

义渠国

　　义渠国位于甘肃庆阳西南，是西戎的一支。

　　义渠国以游牧为生，商周时常与周族发生矛盾，春秋战国时又与秦国、魏国作战，最终被秦国灭亡，融入华夏族。

姬昌

　　姬昌是周太王的孙子，季历的儿子，是周朝的奠基者。季历死后，姬昌继承西伯侯之位，被称为西伯昌。

　　姬昌是中国历史上的一代明君。

五彩的凤凰放声鸣叫，
引来百鸟在此相会

姬昌四十六岁时即位，
成为周文王

到文王本人，二人就主动握手言和了。

　　还有一次，文王出巡途中，偶然发现路边荒野暴露着一些枯骨，于是他命令随从去把他们掩埋好。随从愕然："大王，这些枯骨都是没主儿的，您何必多此一举，去怜悯他们呢？"文王板着脸说："我作为周国之主，

文王命人掩埋枯骨

自然要为治下百姓负责。你说他们都是没主的，但在我看来不是这样，我这个周国之主也是他们的主人，所以你的话并不对。"文王一席话，让随从人员十分感动，都甘愿为其赴汤蹈火，在所不辞。

周文王还特别重视人才，他经常四处访贤。而每年的几次外出打猎，他的真正目的一方面是亲自深入下层，体验民生疾苦，考察政治方面的得失，同时也为了能够寻访贤才。一次，义王外出打猎到达渭河北岸，他听说这有一个学问渊博的白发老人隐居于此。文王求贤若渴，终于打听好路途，然后自己带了两位贴身侍从就过去了。他们走了大约八九里路，远远看见有个人坐在石头上，似乎在持竿垂钓。文王下车自己徒步过去，大约又走了二里路以后，看到一位鹤发童颜的老人在聚精会神地钓鱼。

文王并没有立刻打扰他，只是轻轻走到了他的身后，停步观看。一会儿时间，老人就一连钓上了几条大鱼。文王赞叹道："先生的钓鱼技术可真是高明，此中一定很有乐趣吧？"钓鱼老人回头一看，马上明白眼前这个人是国君，于是赶紧转身下拜，说："我是平民姜尚，不知道国君驾临，有失远迎，请恕我怠慢之罪！"

文王赶忙用手扶起老人，说自己打扰到先生钓鱼了，非常失礼。文王说："我见先生钓鱼技术很是高妙，是不是钓鱼也有什么精深的道理？"姜尚回答："天地万物都有自己的道理。而钓鱼

◆ 知识链接 ◀

朝歌

　　朝歌是商王朝的国都，盘庚时期，将国都迁到殷。商纣王时期将殷都扩大，修宫殿，改称朝歌。

周易

　　相传，《周易》是周文王所写，是古代重要的哲学书籍，含有丰富的辩证法思想，也有些人将此作为推测吉凶的依据。

要考虑的则是天气的阴晴冷暖变化，河水的深浅，流速的快慢，然后才能确定下钩的时间与方法。此外，还要懂得不同种类鱼的生活习性和它们爱吃的鱼饵，投其所好。引钩要掌握好时间，太快太慢都不行。一切只有恰到好处，已经吞钩的鱼才不会跑掉！"文王感叹道："今天听你讲钓鱼，我似乎也悟出了治国的道理。"于是，二人坐在石上亲切交谈，甚是投机。姜尚对于治军、施政、理财等方面的见解都非常精辟独到。文王非常钦佩，说："记得先君太公告诉过我，未来会有一位圣人来到周国，他可以使周国繁荣富强。先生莫非就是那位圣人？"文王请姜尚上车，二人一同回到了都城。他还拜姜尚为师，尊称他为"太公望"。

此后，人们将姜尚称为姜太公。

在姜太公的辅佐下，文王制定出了系统正确的伐纣军事战略，向周边拓展疆土，周的势力迅速沿着渭水向东发展起来。而文王伐纣的第一个步骤就是将商的羽翼给剪除，形成对商都朝歌的战略包围态势。周文王姬昌大力进攻西北，相继征服了北方的犬戎、密须（现今甘肃灵台）、阮、共等国。文王还领导组织渡黄河向东扩张，攻占了黎国（现今山西长治）和邘国（现今河南沁阳西北），成功攻占了崇地。此时，周已经形成了"三分天下有其二"的局势，天下江山的三分之二都归属于周，灭商只不过是时间问题。

武王伐纣

◆ 知识链接 ◆

谥号

谥(shì)号为古代帝后、诸侯、大臣或地位高的人死后，后人根据他们的生平事迹，用一两个字进行的概括性评价，起源于西周时期。

周文王和周武王是最早有谥号的两个君王，但他们的谥号不是他们刚去世时就定的，而是他们的后代追加的。

在完成灭商大业的前夕，姬昌突发重病。他自知不久将要离世，便将灭商大业托付给了儿子姬发。周文王去世以后，姬发继承王位，历史上称周武王。

虽然商朝的政治早已闹得一团糟，但周国毕竟从属于商，且西伯昌才刚刚去世，新任武王的威信还没有完全树立起来，若是无缘无故出兵打仗，必然不得人心。于是，周武王继位的第二年，举行了一次规模宏大的"观兵"，也就是组织军事演习。

新继位的国君进行军事演习，这对于京城的老百姓们来说可是热闹的事，他们都纷纷跑来观看。只见马路中央一排排戴盔披甲的战士走过，还有扛着彩旗的士兵，后面有一辆载着文王灵牌的车。随后，一位威风凛凛的王在众多文武官员的簇拥中走过来了，这位王就是新继任的周武王。武王和周公旦、姜太公率领大军在周文王的灵前举行了祭奠活动。然后，武王在祭奠仪式完成以后即兴发表了一番讲话，承诺自己要继承兴周大业，替人民去讨伐无道的商纣王，也替父报仇。在祭奠完毕以后，姜太公号令三军："大军向东前进，目标孟津！"大军浩浩荡荡地出发前往孟津了。

孟津乃是黄河上的一个渡口，地理位置非常特殊，是东征的必经之地。姜太公率大军来到渡口，向众军士高呼道："这河里的九头水怪苍兕（sì）在看着你们大家，和你们一起乘船划桨。若是哪一个不努力向前，落在后面可是要被斩首的！"众军士都奋力划桨，一艘艘船飞速前进。据说，苍兕是河里的怪兽，专吃落水的人。这个办法有效地激励了大家快点划船。武王也乘船渡河，船行至河中间，突然，一条白鱼跳进了武王坐的船舱中。武王俯身拾起这条白鱼，对大家说："自古以来，商人崇尚白色。如今这条白鱼被我们捉住，这就是商要灭亡的征兆呀！"众军士听了以后更加劲头十足了，个个奋勇划桨。很快，渡船全部抵达了北岸。

周军渡河完毕，大军欢庆演习成功。这时，忽然从孟津渡口的四周传来了鼎沸的人声。原来是附近的部落首领们听闻周武王率领大军来孟津举行军事演习，都纷纷带兵前来助威，而不召自来的部落首领居然有八百多人！武王欣喜万分，接见了部落首领们，并与首领们现场订立盟约，立誓要在伐纣的过程中互相合作，一起行动。

在盟会上，众首领都建议说："我们现在就可以出发伐纣了。"武王却说："现在时机未到。商朝毕竟是大国，实力强大，而且朝廷内部还有箕子、微子以及比干等贤臣辅助，我们千万不可轻举妄动。"经过武王劝说，众诸侯这才罢师还归。这就是历史上著名的"孟津观兵"，通过这个行动，武王了解了诸侯们的态度。

两年后，武王听说纣王变

▼ 姬发

姬发是周王朝的第一位君主，他与其他部族联合起来，共同进攻商朝的都城朝歌，史称牧野之战。此战商朝大败，纣王在鹿台自焚，商朝宣告灭亡。周王朝建立后，姬发定都在镐京。

牧野之战

得更加昏庸暴虐，杀死王子比干，还囚禁了箕子，他这才通知其他诸侯说："我们可以讨伐了！"各路诸侯迅速集合大军，很快便抵达了商朝都城朝歌郊外的牧野。此时，商朝的大军正全力讨伐东夷，都城非常空虚，纣王没办法，只能临时将一些奴隶组织起来，派发给他们武器，命令他们抵抗周军。但奴隶怎么可能会和纣王一心呢？他们不但不肯为纣王卖命，甚至还掉转矛头，偷偷为武王开路。朝歌很快被攻破，绝望的纣王自己逃到了鹿台之上，穿上那件用珠宝玉器缀成的王者之衣，然后自己在高台上点火，投火而死。

◆ 知识链接 ◀

牧野

牧野为古代地名，在朝歌南面，离朝歌有七十里地的距离，周武王与商纣王就在这里交战，因此那场战役被称为牧野之战。

鹿台

鹿台是纣王所建的宫苑，应在商都附近。周武王与商纣王在牧野（河南新乡）发生大战，商军战败，商纣王逃至鹿台后，自焚而死。

不食周粟

武王第一次东征时，路途中曾遇到两个老头儿冒死进谏，他们胆子可真够大的。那么究竟是什么人呢？这事儿得从头说起。

商朝末年，北方曾有一小国叫孤竹国，老国王有三个儿子。其长子名伯夷，为人忠厚，但不会变通，而幼子叔齐则聪明贤能，与父亲相处得很好，也深得父亲喜爱。因此，在孤竹国的国王临终前，他将自己的儿子以及众大臣叫到跟前，交待说："我死后，要让叔齐继承王位。"

但古代一向有立长子的规矩。叔齐不想因违背这个规矩而留下历史的骂名，于是他找到哥哥伯夷，

伯夷、叔齐，不念旧恶，怨是用希。求仁得仁，又何怨乎。

——《论语》

希望哥哥当国王。起初，伯夷还生着父王的气，但一见弟弟如此，顿觉自己真是不如弟弟的胸襟开阔，便说："贤弟呀，你是父王立的世子，又从小博学多才，深知治国安邦之道。父王在临终前再三叮嘱要你继位，父命怎能违背呢？"

但叔齐说："父命固难违，但我们也不能因此而违背先祖的规矩呀！"在叔齐的再三恳求下，伯夷只好答应。

晚上，伯夷翻来覆去睡不着，想起了白天的言语，但思来想去还是觉得弟弟更能够治理好国家。那么该怎么办才能让自己的弟弟安心坐上王位呢？于是，第二天早晨，伯夷早早起来，收拾了一下便悄悄离开了王宫。

而弟弟同样也没睡着，心想：我要让长兄安心继位。第二天早晨，他匆匆忙忙去找哥哥，但发现哥哥已经走了。叔齐非常难过，明白大哥是不想让他为难才离开王宫的。叔齐想：若是在这种情况下，我还继位，岂不更要被天下人耻笑吗？我一定要找回大哥。于是，叔齐也偷偷离开了王宫。

这样伯夷、叔齐都离开了，众大臣只得让老二继位，但老二整日荒废朝政，孤竹国因此而日渐衰落。

叔齐离开后，经多方打听，受尽千辛万苦，终于见到了自己的哥哥伯夷。兄弟二人商议决定不再回宫，找个安静的地方定居下来。那个时候，正是纣王统治时期，百姓生活苦不堪言，还能到哪里去呢？后来他们偶遇了一位白胡子老者，他告诉二人说："西伯姬昌仁义治国，百姓安

◆ 知识链接

世子

　　春秋时期，"太子"与"世子"两个词用法是一样的，诸侯有继承权的儿子也可称为太子。到了战国时期，诸侯有继承权的儿子都被称作太子，而不被称作世子。

　　到了汉朝，皇帝与诸侯王有继承权的儿子都被称为太子。从曹魏开始，诸王公侯有继承权的儿子改称为世子，并一直延续下去。

▲ 西周伯作乙公簋

居乐业。"于是二人来到周国，盖了一个小茅草屋，还拥有一片属于自己的土地，每年只需要交很少的赋税。二人非常满足，认为周国的文王、武王的确是不可多得的好君主。

一天，二人正在田间劳作，听闻武王要出征伐纣，非常吃惊，连忙丢下手中的农活，不顾生死冲到了队伍前面，截住了武王的车，说道："真是大逆不道！你老子死了，你不去好好安葬，却还要动刀动枪的，这就是所谓的孝顺吗？你是个臣下，却去打主子，这称得上仁义吗？"话没说完，随行的卫兵就"哗啷啷"地举起了手中的大斧子，架在这俩老头儿的头上，眼看着老头儿就要没命了。"住手！"姜太公大喊一声，并转身对武王说，"这二人是孤竹国的贤人，就看在他们忠直有节的分上，还是不要杀他们吧。"武王点头放过了他们。

这次其实只是一次军事演习，两年以后，武王认为灭商时机已到，才真正起兵，大败商军。二人听闻此消息后，认为武王与纣王并没有什么两样，都是一样残暴。伯夷和叔齐不肯继续留在这里生活，选择了离开。两人流浪了很久，最终选择在首阳山定居。伯夷、叔齐自诩为大商忠臣，认为周人全是反臣，不屑跟他们居住在一处，甚至觉得连和他们说话、种他们的土地、吃他们的粮食都是对自己的侮辱。可人不吃粮食怎么能行呢？没办法，饥饿的两人选择采些野菜充饥。但有位妇人见到后说："你们说不食周粟，可现在天下都是大周的，野菜也长在周人的土地上。"二人听后，也不再吃野菜，最终把自己活活饿死了。

▲ 韩愈《伯夷颂》

韩愈，唐朝著名文学家，写作《伯夷颂》赞颂伯夷和叔齐兄弟俩。该文短小精悍，妙语连篇，称伯夷、叔齐是"昭乎日月不足为明，崒乎泰山不足为高，巍乎天地不足为容也"的品德高尚之士。

上图为韩愈画像。

● 知识链接

伯、仲、叔、季

古代兄弟姊妹间排行习惯以伯（或孟）、仲、叔、季排序，伯（或孟）是老大，仲是第二，叔是第三，季是最小的。成语"不分伯仲"，就是分不出第一第二，也就是水平相当、不分上下的意思。

安抚商民

商王朝虽然灭亡了，但商族遗民人数众多，该如何安置呢？而且商王朝领土面积很大，周族对这里很陌生，人口上面又是商多周少，没处理好的话就有被同化的危险。于是，武王急忙召集姜太公、召公以及周公等一众贤臣来出谋划策。

周武王询问姜太公的看法。姜太公捋着长长的胡须说：“不知道您听没听过一句古话，叫'爱屋及乌'。意思是说，如果您喜欢一个人，那么即便是站在他屋顶上的乌鸦，也看着顺眼极了；反之，您要是厌恶一个人，那么恨不得把他的一家老小除之后快！既然这样，在老臣看来，如今纣王已死，不如斩草除根！”武王摇摇头，觉得这个方法太激进。

接着他又询问了召公。

召公倒是不像太公那样主张一刀全部杀掉，而是建议将跟着商纣王反抗的人杀掉，留下那些没有反抗过的。召公的办法相比太公缓和了许多，但武王还是不敢贸然采取。

最后武王又询问周公。

周公受先辈影响，政治经验十分丰富，他深知周族虽然战胜了商朝，但想要稳固统治，可不是件容易的事。要想消除商朝遗留在商人内心的影响力，恐怕只有利用他们的内部矛盾来分化瓦解了。

◆ 知识链接 ◢

召公、周公

召公，姬姓，为周朝王室。他先是辅佐周武王灭掉了纣王，武王死后，又辅佐周成王、周康王两代，使得社会安定，历史称之为“成康之治”。

周公，姬姓，名旦，是周文王姬昌第四子，周武王姬发的弟弟，辅佐周武王讨伐纣王，并制定礼乐制度。因其采邑在周，爵为上公，所以称为周公。周公是西周初期杰出的政治家、军事家、思想家、教育家，被尊为“元圣”和儒学先驱。

想到这儿，周公建议说："在臣看来，咱们不着急改变商人们的地位。把他们全都安排在原本的居住地，耕种各自的土地，冷处理就好。只要有人愿意顺从大周，就封他做官。"

周公这条建议在武王看来非常有用，很符合自己的想法。于是他高兴地说："你这个方法很好，我想如果施行下去，那么这些商人早晚会归顺我们。"

武王决定采纳周公的建议，将殷墟一带封给商纣王的儿子武庚，命令他们继续在这片土地上管理商朝遗民。但周武王并没有对他完全放心，而是把自己的弟

弟管叔鲜派到现郑州一带；将蔡叔度封在了殷墟以南的上蔡一带区域；又将霍叔处封在了殷墟以北的现如今山西霍县一带。实际上，武王是派他们暗中监视武庚，这便是历史上著名的"三监"。

此外，周武王又采取了一系列惠民政策来争取商族民心。首先是为曾经那些商王朝的贤臣平反昭雪，通过此办法来争取商朝贵族和周王朝合作。武王放出了箕子，还派人重修了比干墓，表示自己对这位忠臣的敬重。他还命人将纣王曾经藏在鹿台的财富全部散发掉，开仓放粮，救助穷人。以上这些措施，有效缓和了商周之间的矛盾。

如此，有着六百年历史的商王朝结束了，江山更替，天下重新安定了下来。

▲ 西周宜侯夨（cè）簋（guǐ）

闯关小测试

➡ 1. 周朝国君姓什么？（　）

　　A. 姜　　B. 姬　　C. 子　　D. 嬴

➡ 2. 伯夷、叔齐是哪国的王子？（　）

　　A. 卫国　　B. 孤竹国　　C. 周国　　D. 燕国

➡ 3. 商纣王在位时，商朝的都城是（　）

　　A. 镐京　　B. 丰邑　　C. 朝歌　　D. 亳

参考答案：1. B　2. B　3. C

礼乐之兴

周朝建立以后，开始分封同姓和有功之臣，前后建立了几百个国家。

这些诸侯国像卫星一样拱卫着周王朝，尊周王为天下共主。

仁德的周公又制定礼乐，使天下井然有序，人人知礼懂礼。孔子是周公的超级粉丝，他一生都在继承发扬周公的事业。

周穆王是一位"旅游发烧友"，他的西游故事都写在《穆天子传》里。

周幽王在骊山上点了一把火，最终给周朝制造了一场大悲剧。

 ## 周天子分封诸侯

周文王时期，已经开始分封诸侯了。如今武王战胜商王朝，周突然就从一个小小的邦国变成了统治四方的大国，那么怎样治理如此庞大的国家，使它能够久远地发展下去呢？这时候，周武王和周公都同意沿用文王的分封制，他们认为分封制可以为国家建立藩屏，保卫王室；稳定政局，安定各族；抵御外侮，强化边防。

对于如何分封诸侯，他们商议了很久，最终定下了以下内容。周武王的分封制其实指的是"封建"，即封邦建国。周武王将王室成员、有功劳的大臣以及古代先王圣贤他们的后代，分封到不同的地方做诸侯，并赐予他们代表周天子去管理这个区域和人民的权力。

根据规定，天子想要册封诸侯，必须举行庄严的册封仪式。同时，天子得归诸侯管理的疆域范围，赐予符合他们身份地位的礼器和仪仗。诸侯在归自己管辖的范围里，可以建立属于自己的"小朝廷"，甚至还能设置独属于他们的监狱和军队。但诸侯也必须要承担一定义务，比如要定期向天子纳贡，并到都城朝拜。周王出征时，诸侯要跟随。在周王室举行重大的祭祀活动时，诸侯们还须参加或者派人去助祭。周天子对诸侯有赏罚的权力，也有可以随时收回封国的权力。

确定完诸侯的权力义务后，武王将他们分为三大类：

第一类是周王朝的王室弟子。

起初，周分封了71国，这其中姬姓有53国。武王的弟弟周公被封于奄（现今山东曲阜），称为鲁国。武王的弟弟召公被封于燕（现今北京一带），称为燕国，是周王朝东北方向的屏藩。此后，武王的儿子成王又将唐（现今山西翼城西）封给了自己弟弟叔虞，称为晋国。殷都旧地则是封给了康叔，

知识链接

桐叶封弟

据《史记》记载，周成王有一次跟弟弟叔虞玩，把一片梧桐叶削成玉圭的样子，交给叔虞说："我用这个分封你。"

一旁的史官把这件事记了下来。后来史官要求成王分封叔虞。

周成王说："我只不过跟他开个玩笑而已。"史官说："天子无戏言。"周成王便把唐地封给了叔虞。

就是卫国，主要是为了更好地统治商族遗民，保障区域稳定。由此看来，封国中姬姓数量多，以自家人为主，而且其所处位置也非常重要。

第二类则是有功之臣，首推的就是姜太公。

他被周武王封在了营丘（现今山东临淄北），国号为齐。营丘曾是薄姑的故地，而薄姑属东夷的一支，曾经是殷商的铁杆盟友。所以武王将姜太公封在这里，就是想让他能够牢牢地控制住薄姑，免得再生事端。

第三类是古代帝王先贤的后代。

武王将神农之后封于焦（今河南陕县），将帝尧之后封于蓟（今北京），将帝舜之后封于陈（今河南淮阳），将大禹之后封于杞（今河南杞县）。但这类封国一般面积都比较小，只是代表周王对于先贤的尊敬，在政治上并不起什么作用。

通过建立分封制，周武王将天下尽可能地掌控在了自己的手中，但这次分封并不彻底，还有一些地方尚未被收服。没多久，周武王也积劳成疾，在临终前，他将自己年幼的儿子姬诵托付给了周公。在平定了管蔡叛乱（即三监之乱）以后，周公又进行了第二次分封。

经过这两次分封，终于形成了西周以王畿（jī）为中心、其余众多诸侯拱卫王室的局面，这为西周

▲ 周陵

知识链接

周天子

周朝的君王被称为上天的儿子，即周天子。周天子是周朝的最高统治者，也是各个诸侯国的宗主。

诸侯必须要服从周天子的命令，打仗时要派兵支援周天子，并且按时朝见周天子，每年向周天子进贡。

的繁荣兴盛奠定了基础。

姜太公封齐

待战争的硝烟散去，天下终于安定了下来，姜太公才带着周武王的委任状，前往自己所属的封地——齐国。

一路上，他们一行人不急不忙地走走看看，每天大约只能走几十里路。这天晚上，他们找到一个旅店住了下来。店家对他说："机会啊，一般得来困难，但失去却很容易，我看您睡得如此安稳，哪里像是要赴国建都的样子啊！"

这一句话点醒了他。对啊，此时虽然商纣的军队已被攻灭，看似局势已经稳定，但是边远地区还有不少潜藏的叛乱分子，天下民心还没有完全归附。自己怎么可以优哉游哉，这样岂不是要误了大事？

姜太公不敢再如此耽误，急忙连夜赶路，第二天早上他们一行人就抵达了都城营丘。幸亏他们到得早，恰好遇到了莱夷进犯。原来，莱夷距离营丘非常近，曾是商纣王的属国。他们这时来犯，就是想趁着姜子牙立足还未稳之际先行抢占营丘。两军很快在淄河附近展开了对垒，姜子牙镇定指挥大军，士兵英勇作战，莱夷大败，悻悻而回。这样以后，齐国正式建立起来。

◆ **知识链接**

镐京

镐京位于西安市长安西北，与丰京合称为"丰镐两京"。镐京是西周的首都，同时也是中国最先称京的都城，作为西周首都将近三百年，所以也称宗周。

周武王建立周朝后，迁都到镐京，《诗·大雅·文王有声》有："考卜维王，宅是镐京。"西周末年犬戎攻占了镐京，西周灭亡。

在太公空闲的时候，他经常视察齐国，发现这里的人口非常稀少，沼泽遍地，而且沿海地区的土地盐碱化非常严重。太公经常思考：在这样恶劣的环境下，如何才能尽快改变这里贫穷落后的面貌呢？

于是，他决定扬长避短，充分利用齐国东临大海的自然优势，大力发展渔业和制盐业。其次，为了安定人心，他也入乡随俗，尊重当地的风俗习惯。太公用人不分贵贱，不论他们的背景出处，选拔了很多当地的东夷土著做官，因此得到了当地人对他的衷心拥护。这样一来，时间长了，齐国周边很多国家的百姓都纷纷跑到齐国来了。

太公建立齐国五个月，就已经把这边的一切安排就绪，还向朝廷做了汇报；但南面的鲁国却在三年之后才向朝廷做汇报。为什么两者时间差这么多呢？这是因为他们秉承的治理国家的思想并不一样。姜太公治国主张顺其自然，讲求实效；而周公的儿子——鲁国的伯禽却是带了一整套周礼过去的，他决定要使鲁国发展成为一个礼乐文明的示范国家，所以他搞得比较辛苦。

因此齐国长期富强，而鲁国却礼数周全。

由于齐国非常强盛，因此成王专门授权齐国代替周天子讨伐周边的任何小国。在素有"礼乐征

知识链接

齐国

姜子牙辅佐周武王灭商后，被封到齐国，位于今山东省。齐国土地非常富饶，到齐桓公时，已经是非常强大的诸侯国了，齐桓公也依靠丰富的资源，迅速称霸，成为春秋五霸之首。

▼ **制盐业**

盐是人类生活的必需品，在古代，盐税是国家重要的经济来源。古时候，国家想垄断制盐业，提高税收，而地方豪强往往私自制盐，从中获利。

人们将海水引到水池里，晒干后就成了粗盐

◆ 知识链接 ◆

周礼尽在鲁

在周代的众多诸侯国中，鲁国是周公旦的封国，周公旦一直辅佐成王，所以有"周之最亲莫如鲁，而鲁所宜翼戴者莫如周"的说法。

周公制定了礼乐制度，鲁国自然成为典型的周礼的保存者，世人称"周礼尽在鲁矣"。后来儒家的开创者孔子就是鲁国人。

渔业

最早的渔业仅限于天然捕捞。后来人们学会了人工养鱼，大大提高了渔业的收入。

▼ 周成王像

伐自天子出"讲究的周朝，这可是唯一的一份特权。

于是，齐国有了特权以后，开始名正言顺地扩张，首先灭了之前来犯的莱夷，迅速占据了胶东半岛，领域直通大海；后来又南征北讨，成为诸侯国中的大国。而鲁国慢慢落后于齐国，在双方交往中处于劣势。

周公辅成王

周公姬旦是武王的亲弟弟。文王还在世时，姬旦孝顺自己的父母，性情忠厚仁爱。待到武王登位，姬旦便经常协助武王，他帮助武王主持处理了很多政事。武王伐纣时，周公写文章给大军鼓舞士气；进攻商朝的都城时，周公亲自手持大斧，参与战斗，可见周公是能文能武。灭商之后的两年，武王因病去世了，成王年纪尚小，不能亲自主持朝政，于是周公就代为处理一切国事。周公天资聪颖，在王室子弟中才华出众，且由于他从小是在王室中长大，因此受过已故的文王很多教诲。武王生前和他关系融洽，感情深厚，所以现在周公理起政来，不仅是得心应手，而且非常卖力。

为治理好国家，他想尽一切办法招揽人才来帮助他做事。为了能随时接待来议政的贤人，周公每天都非常忙碌。有一次，周公打算洗头发。他刚把头发浸湿，下

周成王年龄小，国家大事都依靠周公。周公尽心辅助周成王

属就跑来报告，说有急事要见周公。要知道，古人的头发留得很长，每次洗头都很费事。但周公为了不耽误政事，连忙握着湿漉漉的头发出去了，想等忙完再回来接着洗。可他这边刚忙完回来，头发洗了一半，又有人来了，周公只能继续握着湿头发出去。这样的事接连发生了几次，周公才彻底洗完头发。

还有一次，周公正在吃饭，他刚夹起一块肉放到嘴里，这时候忽然外边有客人来访。于是，他马上吐出口中的肉，连忙起身去迎接客人。就这样，吃一顿饭的工夫，一共来了三次客人，周公竟然就连吐了三次口中的饭菜。家人看见了忍不住说："您就不能把饭吃完再去接待客人吗？"周公摇了摇头说："这些都是贵客，他们来访一般都是有好主意要告诉我。我恨不得马上去听听，又怎么能因吃饭怠慢了别人呢？"这就是历史上所说的"周公吐哺，天下归心"这个典故的来历。

　　周公为了辅助成王是殚精竭虑，废寝忘食。但管叔和蔡叔（成王的两个叔叔）却对周公存有疑心。他们偷偷找到霍叔，造谣周公的野心和欲望太大，想要篡夺王位。这谣言是一传十，十传百，最终就传到了成王的耳朵里。成王年纪尚轻，听闻这些谣言以后，非常害怕周公，做事也开始处处躲避着他。后来，周公也知道了外面的这些谣言，他感觉自己非常委屈，明明费尽心力辅佐成王，却被这样冤枉。但他又十分清楚，现在是国家大事当头，自己的委屈再大，也要先把国家的事给处理好。

　　周公的封地是在鲁国，因为自己要留在京城处理朝廷政务，就让儿子伯禽代自己到鲁国管理。临行之前，周公告诫儿子说一定要谦虚谨慎，先慢慢熟悉国家

伯禽即将前往封地

周公劝诫伯禽

的基本情况，不要着急。伯禽听了点点头，把这一番话牢记在心中。

根据周武王和周公商定的政策，商朝灭亡后，纣王之子武庚不仅没有被杀，还被册封了爵位。但作为前朝王室，周人没有放松对他的监视，甚至还在他的封地附近设置了三个周朝宗室来监管他。这让武庚感到很郁闷。后来，他听说周围三监对周公很不满的传闻，喜出望外，觉得自己灭周复商的时机到了。于是，武庚一边暗中派人和三监勾结，赠送了许多财宝，一边串通了一大批曾经的殷商贵族与东夷部落，吩咐他们暗中蛰伏，待时而动。隔了一段时间，武庚认为时机已成熟，干脆地举起反旗，攻打大周都城，发起了对周朝的反叛。

周公收到消息，迅速集结大批军队。在出兵之前，他写了一篇宣誓词，表示自己要讨伐叛党，誓死保卫周朝江山的决心。宣誓完毕，他就亲自率领了几万大军，浩浩荡荡地从京郊出发，向东进军。他们与武庚的部队连续交战了几个月，终于打败了武庚。武庚见势头不对，仓皇逃走，但还是被周兵追上杀死了。周公在平定武庚的叛乱以后，又开始带领兵马讨伐事件的关联者——管叔。管叔看武庚已败，明白自己已是回天无力，也没有脸面去见自己的哥哥和侄儿了，于是自杀了。后来，周公罢免了霍叔，又将蔡叔流放。

在周公平定叛乱的过程中，很多造反的前朝旧贵族被打败，沦为阶下囚。对于如何处置他们，周公有些头大。全杀了吧，剩下那些反贼一定会拼死抵抗，加大平叛的难度；可放了吧，万一他们再作乱怎么办？

◆ 知识链接 ◀

周公吐哺，天下归心

曹操是东汉著名的政治家、军事家、文学家和诗人，他曾在《短歌行》中赞美周公。全诗如下：

对酒当歌，人生几何！
譬如朝露，去日苦多。
慨当以慷，忧思难忘。
何以解忧？唯有杜康。
青青子衿，悠悠我心。
但为君故，沉吟至今。
呦呦鹿鸣，食野之苹。
我有嘉宾，鼓瑟吹笙。
明明如月，何时可掇？
忧从中来，不可断绝。
越陌度阡，枉用相存。
契阔谈䜩，心念旧恩。
月明星稀，乌鹊南飞。
绕树三匝，何枝可依？
山不厌高，海不厌深。
周公吐哺，天下归心。

思来想去，周公决定，干脆把这些俘虏集中隔离起来，然后单独建立了一座城池，叫做洛邑，也就是今天的河南洛阳，派遣重兵看管。周公警告他们，洛邑是你们今后的住所。在这里，你们可以继续拥有土地和奴隶，甚至在朝廷任职，但要是再敢作乱，决不轻饶！从这之后，大周就有了两座都城，西边的叫镐京，东边的就是洛邑。

周公一直代成王执政了七年，在这期间，周王朝政权不断巩固，国家也日益繁荣兴盛起来。到了周公认为成王已经可以独自处理国家大事的年纪，周公就将政权交还给了他，自己则是退居到了臣下的位置上。后来，被放逐的蔡叔听闻此事后，感叹道："周公胸怀宽广，像我们这样的人，确实不能和周公相比。"

▲ 伯禽

伯禽是周公旦的长子，周武王姬发的侄子，是鲁国第一位国君。

◆ 知识链接 ◆

三监之乱

周武王将纣王的儿子武庚封在殷地，怕他造反，又将自己的亲族管叔、蔡叔、霍叔封在殷地附近，来监视武庚，在当时被称作三监。

但是后来为了反对周公代行国政，管叔、蔡叔和霍叔联合武庚发动了叛乱，史称"三监之乱"。

周公制礼乐

自东都洛邑建成以后，周公还政于成王，周王朝开始进入稳定发展时期。此后，周公又考虑了一项更为宏大和长远的事，那就是要制定一套严格的典章制度，让全天下都井然有序，人人都能够知礼、守礼，这样便再也没有纷争。

那么什么是礼呢？"礼"指的并不是"礼节""礼貌"这么简单，而是一整套的等级原则，其中包括君臣之间该如何做，父子之间该如何做，夫妻之间该如何做，所有的等级都规定得清清楚楚，每个人都必须遵守。若是大家都遵守"礼"，社会运行就会非常有序了。

什么又是乐呢？这里的乐指的可不是简单的娱乐，而是指的音乐所具有的教育功能。高雅的音乐可以陶冶情操，使人向善；一家老小在一起听音乐，能够促进家庭和谐；好的音乐能从内心感化一个人，坏的音乐也能毁掉一个人。

上面所讲的就是周公想要建立的礼乐文明制度。周公的礼乐思想都集中体现在三本书中：《周礼》《仪礼》《礼记》。

下面我们通过几个小例子来看看周朝的人都是怎么践行礼乐文明生活的吧。

▼ 加冠仪式

戴上冠后，证明孩子已经成年了

比如，在周朝，若是男子要成年了，就须举行加冠仪式，称做冠礼。冠戴在人的头上，表示至高无上，地位最为尊贵，因此古人对冠非常重视。一次，孔子的一位学生子路，在卫国的战争中不幸负了重伤，头上的帽带也被砍断了，在他临死前却说："君子可以死，但冠不能免。"于是他端端正正将帽子戴好，又系好了帽带，这才从容离去，足见冠在古人心目中有多么重要的地位。因此，行冠礼能够使人增加庄重的感觉。在行冠礼以前，当事人还是个孩子，但加冠之后就成了大人，其他人就必须以成人之礼来看待他了。

加冠不仅代表长大成人，而且冠作为贵族成年男子身上的重要服饰，在该戴冠的场合若是不戴冠，就会被别人看作是一种非礼行为。《晏子春秋》中有这样一个故事，说齐景公有天披散头发，驾着马车，想要出宫门，却被守门人赶了回去，并且还骂他"你这样不是我的国君"。只是一个小小的守门人却敢大胆地阻挡景公，其原因就在于齐景公披发不冠，显得很不庄重，不合礼。

再比如，在贵族家庭进行乐舞演奏，该用多少人，多大规模，也有着严格的规定。周天子的舞蹈队可有八列，叫八佾（yì），诸侯只能六佾，而大夫可四佾，普通的士则只能二佾。《论语》中讲，孔子听闻大夫季氏在家中欣赏乐舞，居然偷偷使用八佾的舞蹈队，他就愤怒地说道："是可忍，孰不可忍！"季氏只是个大夫，本应用四佾，但他竟然敢用天子的八佾之乐，这是严重违反礼制的事，所以孔子认

子曰：甚矣吾衰也！久矣吾不复梦见周公。

——《论语》

● **知识链接**

孔子对周公的崇敬

孔子一直主张恢复周朝时期的礼制，对周礼的制定者周公相当推崇。他甚至说自己经常梦见周公。

为这样的事情不能容忍。

由此来看，周公是一个极度的理想主义者，他为社会画了一幅非常宏伟的蓝图，他也确实做到了。周朝几百年能够稳定运行，不论贵族还是平民，都能按照各自的"礼"法来生活，都是周公的功劳啊。

昭王命丧汉江

在成王和康王在位时，周王朝国力强盛，声名远播，边远的少数民族也非常尊重周天子，经常进贡他们的特产来表示对周朝的重视与臣服。

当时南方有一个部族叫越裳氏，经常进贡一种白雉鸟。但到了昭王时期，越裳氏便不再进献了。昭王非常愤怒，问大臣们是怎么回事。大臣连忙解释："回天子，这事儿与越裳氏无关。现在的荆蛮地区有个楚国独霸一方，不把大周放在眼中，连朝贡方面也是很敷衍，时断时续。我想，那些进贡的白稚鸟一定是被楚国拦截了。"周昭王一听，都气疯了，他心想：楚国一个小小蛮夷，居然敢拦截天子的贡品，这得多大的胆子？要是其他诸侯也效仿，那么大周威严何在？天子尊严何在？于是，周昭王决定亲征楚国。

楚国原本只是南方江汉地区的一个小国，他们受之前商朝的影响很深，自然和周朝关系不怎么亲近。周成王在分封诸侯时，为拉拢楚国，封给楚国

◆ 知识链接 ◆

成康之治

周成王和儿子周康王统治时期，政治清明，社会安定，是中国历史上记载最早的太平盛世，历史上称之为"成康之治"。

肃慎族

肃慎族是古代东北部的游牧民族，传说在舜、禹时代，肃慎族和中原已经有了联系。

御驾亲征

御驾亲征过去指天子亲自率兵征讨，现在常比喻亲自出面做某事。

贵族熊绎子爵的头衔。在"公、侯、伯、子、男"中，子爵算是比较低的了。因此，周王朝从内心里一点也看不上地处蛮夷之地的楚国。

据说有一次，周成王和各国诸侯开会，楚国的人只能站在一旁为大家准备一些滤酒用的香草，还被派去和其他少数民族一同看守祭神用的火堆，根本没有正式参加会盟的资格。周王给诸侯国的赏赐也经常没有楚国的份。因此，楚君熊绎发愤图强，努力将楚国发展成为汉江以南的大国。楚国强大后，后来的楚王不想再给周天子打杂，还停止了朝贡，甚至连越裳氏想要献给周室的珍鸟也被他给扣留了。

周昭王率领大军伐楚，一行人来到了汉江沿岸。当地百姓心里非常害怕，早就躲了起来。这时候，周军要粮没粮，要人没人，处境非常困难。昭王感到焦虑，望着滚滚的江水发愁。这汉水波浪汹涌，没有船就无法渡江。于是，昭王命令军队到四周找船，费了很大的力气，他们才从汉江支流的芦苇丛里找到了两条旧木船，又抓来几名船夫，强迫他们开船，花费了很长时间才将军队渡到对岸。

楚王早就做好了应战准备，楚都丹阳的城池非常坚固。昭王自信地以为只要他的军队一到，就可以轻易攻破丹阳，立刻捉拿楚王问罪，然后满载着金银财宝和越裳氏的白雉鸟回朝。但他们攻打了很久，不但没有任何破城希望，反而还被城墙上守城的那些楚国军民用强弓硬弩和很多滚木巨石给损伤。于是，昭王只好下令撤兵。

百姓们听说昭王军队准备从这里撤回去，计划

● 知识链接

楚国

楚人先祖是鬻（yù）熊周成王封鬻熊曾孙熊绎为子爵。

楚国全盛时国土范围包括现在的湖北、湖南全部，以及重庆、河南、安徽、江苏、江西、山东、上海、浙江的部分地方。

楚君称王

周昭王南征失败对周王室来说是一大耻辱，对楚国来说则是一大胜利。到了后世，楚王开始自立为王，不再使用周天子封授的楚子称号。

了一条妙计，想要彻底消灭昭王军队。他们猜到昭王一定会派人去找船渡江，于是先准备了几只大船，但是偷偷将船底凿穿并劈开大缝，再用胶给粘好，画上了各种颜色的图案掩盖了斧凿痕迹，看上去和新船并无两样。

　　果然，如他们所料，昭王的军队一来到汉江边，看到竟然有几艘大船停放在那里，非常高兴，争先恐后上船。但是他们哪知道船一开到江心，在水里晃荡了几下之后，粘船的胶就全都溶化了，几艘大船全都散架，变成了无数条木板。昭王连同他的士兵以及车马财物，全都不幸掉进了江里。

周昭王苦苦挣扎，最后溺亡

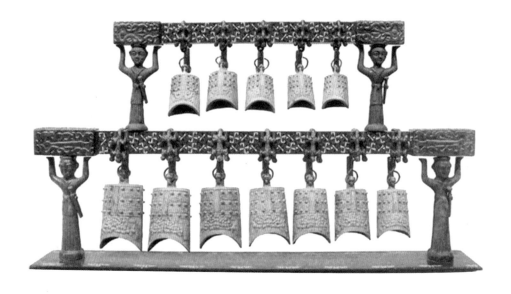

▲ 编钟

编钟用青铜铸成，是我国古代的打击乐器，由大小不同的扁圆钟按音调高低排列起来，悬挂在一个巨大的钟架上。

每个钟的音调不同，按音谱敲打，能演奏出美妙的乐曲。

昭王有一位马车夫叫辛游靡，他不仅力气大，而且水性也好，见昭王落水，马上游过去救他。他好不容易将昭王救到岸上，但昭王却早已淹死了。大家只得抬着昭王的尸体失败返京，向朝中的大臣汇报了南征的详细经过。朝中大臣认为不能让天下百姓知道国王竟是为白雉出征而死亡的，只好向外宣布说昭王南巡不幸失踪了。

周穆王西游

昭 王出征不幸死后，他的儿子满继位，这便是历史上非常著名的旅行家——周穆王。有一本书名叫《穆天子传》，这本书详细地记述了他西游的一系列神奇故事。

《穆天子传》这本书是在一座战国古墓中被发

现的。相传，公元281年，有一个叫不准的盗墓人，他悄悄钻进了汲郡（现今河南卫辉）的一座古墓里。墓穴中一片漆黑，为了照明，他顺手将墓中堆放的一些竹条点燃，无意中竟发现竹条上还写着文字。但当时，他并没有管这些，只是将值钱的宝物给取走，把散乱的竹条留下了。后来，这些散乱的竹条被官府运回。经过后代学者整理，知道这是一批古书。

《穆天子传》就是这批古书的其中一部。故事是这样的：西周时期，天子周穆王打算周游天下。于是，他任命伯天为向导，坐着由造父打造的豪华马车，率领着麾下文武豪杰，装载着大周国内由能工巧匠制作的各种精美手工艺品，从都城出发。

穆王一行人浩浩荡荡，入河南一路往北，途经滹（hū）沱之阳（今滹沱河北岸），首先抵达犬戎地区，又接着西行，抵达今天的内蒙古河套地区，在那里他们住了几天，接着继续溯黄河而上，攀登上高大巍峨的昆仑山；又继续西行数千里，经过了许多部落，都受到当地的热情接待，最后来到了西王母之邦。

周穆王也拜会了西王母，还赠送给西王母以及她的臣僚们大量中原精美的丝织物以及其他礼品。作为回赠，西王母也拿出来当地的瑰宝奇珍给穆王。在风景优美的瑶池，西王母还设宴热情招待周穆王一行人。宴会开始，鼓乐齐鸣，嘉宾频频举杯。西王母也是热情洋溢，劝酒再三，还即席高歌：

　　　白云飘在天，山峰出云端；

知识链接

周穆王的功过是非

周穆王刚即位时，吸取了他父亲昭王失败的教训，不再依靠武力征服四方，而是重点解决国家内部的统治问题。

他命令大臣伯臩（jiǒng）制订执政规范，颁布《臩命》；任命吕侯（亦作甫侯）为司寇，起草《吕刑》，布告天下。在周穆王的治理下，天下安定，昭王盛世得以延续。

后来，周穆王东征西伐，疆土不断扩大，有力地巩固了周王朝的统治。但是，他常年在外征讨，导致朝政松弛。因此，周穆王以后，周王朝由盛而衰。

宴会开始的时
候，鼓乐齐鸣

周穆王送来
很多礼物

▲ 金文

道路长且远，山水隔其间，

望你能长寿，还能再相见。

从这些唱出的诗句中，可以感受到西王母的友好，这令周穆王一行人十分感动，于是他也赋诗作答，共颂友谊。饮酒完毕，西王母又陪同周穆王一行人到国中有名的山川名胜去游览参观。周穆王登到山顶，专门立石为碑，亲自写下"西王母之山"这五个大字，同时还在这里种植槐树一棵。此后，周穆王一行人又继续游览了周边的许多地方，采集了很多当地的珍奇鸟兽，满载了中亚与西北的许多地方特产，胜利返都。

《穆天子传》这本书不仅是关于周穆王西游的书，书中还详细介绍了中国西北地区不同少数民族的各种风俗习惯。而且，书中提到的一些名山大川，对我们今天研究古代地理也有一定参考价值。

◆ **知识链接**

莱夷

莱夷是东夷人的一支，是山东的原住居民，据说来源于神农氏。

姜太公受封齐国后，与莱夷发生战争，他的后人齐灵公在公元前567年征服了莱夷，莱夷作为独立的民族从此消亡。

厉王被驱逐

根据西周初年的规定，天下的土地都是属国家所有，而周天子作为国家的代表，因此又说："普天之下，莫非王土。"虽然周天子将土地分封给各国诸侯，诸侯又分封给下面的大夫、士。但诸侯以下的各级贵族与国人只有土地的使用权，并不享有土地所有权。

周初，地广人稀，很多山川林泽还有荒野都没有分封，名义上是归周天子所有，但实际上民众也可使用。西周发展中期，情况却有所不同。随着时间的推移，生产力逐渐提高，原本蛮荒的自然环境被人们开垦成了可以使用的农田，并被贵族和国人转化成私田。所谓欲壑难填，这些人的欲望越来越难以满足，甚至把魔爪伸向了国有土地。这种问题在周厉王时期更加严重。

周厉王为了满足自己的奢侈生活，只想聚敛更多的资源与财富。这时一个叫荣夷公的大臣提出了一个建议，将重要物产"专利化"。换句话讲，从这条法令出台之日起，不管你的身份是尊贵，还是低贱，只要你上山下河以后，拾取的任何东西，都属于国家，属于天子。想把东西带回去可以，只要你把税钱缴纳了就行。到后来，人们甚至连走路、喝水都需要纳税。这种搜刮民脂民膏的做法，引起了所有人的强烈反对。很多大臣进献忠言，但此时的厉王却根本听不进去，他只是一味宠信荣夷公，授权他来负责推行"专利"。

实行"专利"后，怨声四起，老百姓无法度日。他们都非常怨恨周厉王，纷纷咒骂他。这时，大臣召穆公看到形势危急，连忙跑到周厉王面前恳求他说："王上，'专利'之法若是再不废除，老百姓忍不下去，国家就要出大乱子啦！"但厉王还是听不进去。他居然派了卫国的巫师偷偷去监视老百姓，一

◆ 知识链接

丧家之犬

丧家之犬现指失去了靠山和庇护，生活没有着落，没有地方安身的人。

该词原作丧家之狗，出自《史记·孔子世家》："东门有人，其颡似尧，其项类皋陶，其肩类子产，然自要以下不及禹三寸，累累若丧家之狗。"

▼ 《诗经·魏风·硕鼠》

硕鼠硕鼠，无食我黍！三岁贯女，莫我肯顾。逝将去女，适彼乐土。乐土乐土，爰得我所。

硕鼠硕鼠，无食我麦！三岁贯女，莫我肯德。逝将去女，适彼乐国。乐国乐国，爰得我直。

硕鼠硕鼠，无食我苗！三岁贯女，莫我肯劳。逝将去女，适彼乐郊。乐郊乐郊，谁之永号？

旦发现有人暗中议论"专利",或是咒骂厉王,就立即抓来杀头。从此,老百姓敢怒不敢言。厉王非常得意,对召穆公说:"你看呀,他们不是爱胡说八道吗,我不是给禁止了?"召穆公劝厉王说:"防民之口,胜过防川啊。"意思是告诉厉王,堵老百姓的嘴要比堵塞江河更可怕。

但厉王并不懂这个道理,他还得意自己的手腕高明呢。终于,国人再也忍不了厉王的暴政了,暗中进行串连,决定站起来抗争,拼个鱼死网破!

公元前 841 年,国人暴动爆发了,百姓们纷纷手持简陋的武器,直逼王宫,侍卫们顽强抵抗,但却没有抵挡住国人的进攻。国人们冲了进去,到处寻找厉王。国人搜遍了王宫,却不见厉王的踪影。原来是在侍卫们顽强抵挡国人时,厉王匆忙从后门逃走了。他非常害怕,逃到了彘(zhì,现今山西霍州市)避难,总算保住了自己的性命。

厉王算是跑掉了，但国人并未放弃到处搜寻厉王，并跟他算总账。后来，国人知道厉王已经逃走了，但太子姬静却没能逃脱，还留在都城内。斩草要除根，于是，国人到处打探太子的下落。后来，他们终于打听到了太子的躲匿之处，原来就躲在召穆公的家中。国人一得到这个消息就立即将召穆公的家给围了个水泄不通。国人还算尊敬召穆公，表示只要他能把太子交出来就不再追究。召穆公虽痛恨厉王之前的昏庸残暴，但仍然对周王朝忠心耿耿，他竟硬着心肠把自己的儿子交给了国人去冒充太子，一定要留下周王室的血脉。国人泄愤以后，暴动逐渐平息。厉王逃到彘以后，再也不敢返回都城。

后来，召穆公和另一位朝廷大臣商量了一番，二人决定代替周天子，共同执政，来处理朝廷事务。他们二人事事小心，处处留意，不敢再触犯国人的利益。由于国人对召穆公并无反感，觉得召穆公对他们不算苛刻，就没有再一次发起暴动。

由于国人暴动惊天动地，因此，我国的史籍也记下了它的确切年份，而且是从这一年开始，我国的历史才算是有了确切的纪年。史书中将召公和周公二人共同执政的那一年称为"共和元年"，就是公元前841年。因为有了"共和行政"，周王朝才能够继续维持下去。

十九年以后，忽然彘地传来了消息，在彘地流亡的厉王，最终在悲苦郁闷中死去。于是，召公和等人商量了一番，他们认为实行"共和行政"只是

◆ 知识链接

国人与野人

在西周、春秋时期，居住在国都和近郊的人，叫"国人"；居住在郊外的人叫"野人"。前者是征服民族，后者是被征服民族，因而他们的社会地位并不一样。"国人"有参与政治的权利，所以才有国人暴动、驱逐厉王这种事发生。

不得已而为之，并不合礼法，应当赶紧趁着这个机会还政于周天子才是。冤有头，债有主，既然厉王已死，国人也不再追究。

于是，公元前827年，太子姬静即位，他就是历史上的周宣王。

宣王的离奇死亡

周宣王即位后，他对国人暴动的事仍然心有余悸，决心一定要做一个好君王，振兴周王朝。他陆续发布了多条禁令：要求自己的臣下在处理政事时广开言路，使下情上达；征收赋税不得私自贪污，中饱私囊，压迫百姓；他还对下属严格管束，不准他们沉醉于酒。显然，周宣王吸取了父亲的教训，希望能够有所作为。

宣王在努力整理国政的同时，也不断加强对周边少数民族的用兵。西北一带存在的猃狁（xiǎn yǔn）和西戎，对西周威胁非常大。这些戎狄部落是以游牧为生，战斗力相当强悍，多次对周王朝进扰，有时甚至直接威胁到了首都镐京的安全。

于是，宣王三十一年（公元前797年），他遣兵讨伐太原戎。然而军队开拔以后，长途奔波，不仅没有丝毫斩获，反而中了戎狄部落的埋伏。又过了几年，周宣王又联合麾下诸侯晋穆侯，一起讨伐戎狄，却因为各种原因，损失惨重，大败而回。宣王感觉兵员不足，且财力匮乏，于是准备在太原"料民"，就是检查老百姓的户口，按户口去抽壮丁参军，还要出赋税上交国库。

大臣仲山父向宣王进谏道："我们可不能专门检查统计民众的数目啊！若是因为民少就进行大检查，这是厌政的体现，诸侯就会因此躲避，而且也难以向老百姓颁布命

▲ 散氏盘

令。更何况，如果就这样没有缘由地去排查人口，那对天子您治理天下大大不利啊！甚至还会殃及子孙后代！想知晓人口数量的方法有很多，像在春耕时节可以举办籍田礼，在农忙间隙举行军事训练，这些都能起到清点人口的作用。天子完全不必采用这种强硬的手段！"对于仲山父的谏言，周宣王不屑一顾。他一意孤行，大张旗鼓地"料民"。这样虽然增加了税收，扩充了兵力，但也加大了民怨。

宣王晚年脾气越发糟糕，处事也专断暴躁，不许他人劝谏。在宣王四十三年这一年，大夫杜伯因一件小事没有顺宣王的心就被杀戮，他临刑前非常悲愤地说："我没有任何的罪却遭君王杀害，若是人死后无知，倒也罢了；但若人死后灵魂依然有知觉，不出三年，我就要这君王知道残害无辜的罪孽！"

过了三年以后，宣王会合其他诸侯在镐京附近的圃田一起打猎。当时，一同出动的猎车有几百乘，跟从打猎的徒众有数千人。中午时分，宣王独自在猎车上观赏美景，正洋洋自得。忽然间，道路左边窜出了一个装扮像是大夫杜伯的人，他身穿红衣裳，头戴红帽子，手持红色弓箭，朝着宣王的车就跑了过来。

宣王大惊失色，连忙调转车头逃避，但为时已晚。那个像杜伯的人已经追到了宣王车前，他对准宣王就是一箭，而这支箭刚好不偏不倚就射中宣王的心脏，甚至连脊梁骨都给折断了。宣王当时就死在了车上。

知识链接

纪年

纪年是人们为方便生活给年代起名的方法。我国主要的纪年有帝王纪年、公元纪年、岁星纪年和干支纪年等。

我国早就有了自己的历法。在漫长的封建时代，我国使用的是"干支纪元法"，就是把十天干和十二地支组合使用，周期为60年。

国库

有了国家和财政后，必然要有国库。在黄帝、尧、舜时代，税赋现象渐多，到了夏朝，开始有了财政。

周朝设有大府、玉府、内府、外府等职务，职责就是管理各种财务的出纳，这就是中国的国库雏形。

这种带有神秘色彩的传说自然没法服众，事实上，周宣王所见到的杜伯很有可能是由他人假扮的。但这个传说想表达的人们对周宣王的仇恨，以及对忠臣良将的同情，已然十分明显。

烽火戏诸侯

公元前 782 年，周宣王惨死，其儿子姬宫湦（shēng）继位，这就是西周末代天子——周幽王。周幽王刚即位，国内就发生了接连不断的灾害，先是爆发了大旱灾，河流干涸，连庄稼都枯死了，老百姓纷纷背井离乡，生活于水深火热之中。后来又接着发生了地震，导致泾水、渭水以及洛水流域受灾严重。

地震过后，房屋都倒塌了，伤亡很多人

干旱导致庄稼颗粒无收

但在这种情况下，周幽王却只是天天吃喝玩乐，对国家和人民不闻不问。周幽王有一个爱妃叫褒姒（bāo sì），他为了这个女人，干了数不尽的荒唐事，为周朝的灭亡埋下了祸根。

在周幽王早年，他曾娶了申侯的女儿做王后，有一个儿子叫宜臼。幽王即位以后，宜臼就被立为太子。但后来幽王却又爱上了褒姒，他和褒姒有一个儿子叫伯服。因为幽王宠爱褒姒，所以想将太子宜臼废掉，而立伯服为太子。但周朝的传统是只能立王后生的嫡长子，而其他妃子生的儿子并没有这种权利。因此，幽王想偷偷杀死太子宜臼，废掉他的母亲申后，将褒姒立为王后，这样伯服就可以成为太子。

这一天，太子宜臼

正独自在花园玩耍，幽王故意将关在笼子里的老虎给放了出来，想让凶猛的老虎把宜臼给咬死。但没想到宜臼的胆子却很大，当大老虎扑向他的时候，他不仅不躲避，反而勇敢上前喝止，连老虎都吓得后退了好几步，趴在地上不敢再动弹了。周幽王想害死宜臼的阴谋没有得逞。

太子宜臼担心再次遭到暗算，后来便偷偷逃出王宫，躲到了外祖父申侯那里。宜臼一走，幽王好似拔掉了眼中钉，非常高兴。过了三年以后，他就下令废掉了申后和宜臼，将褒姒封为王后，还立伯服为太子。

这个褒姒是谁呢？相传，她并非公侯贵族人家之女，只是一个宫女的私生女罢了。她妈妈生下她之后，就把她抛弃了。有一对好心的夫妇把她抱走，带到了一个叫褒的小国抚养照料。十几年之后，她长成了一个非常漂亮的少女。后来，褒国有一个贵族不小心得罪了周幽王，为了赎自己的罪，就花钱把她买来，还给她取名褒姒，将她献给了周幽王。褒姒虽身处王宫，名为王后，但不过是周幽王的一个玩物。她从小经历了各种坎坷，命运非常悲惨，所以她不爱笑，也从来没有笑过。

周幽王自然体会不了褒姒内心的委屈，她不爱笑就偏要叫她笑。为此，幽王想尽各种办法只为褒姒笑一笑，但都没成功。于是，他发布悬赏，只要有谁能叫褒姒笑，就赏千金。这就是历史典故"千金难买一笑"的由来。

据说，这时候幽王的手下有一个叫虢石父的人，

◆ **知识链接** ◄

世官制

西周实行世官制，又称世卿世禄制。

这种制度赋予西周贵族世代为官的特权，只有贵族才有担任官职的权利，并且根据西周贵族的家族血缘关系来确定各级官吏的任命。

犬戎

犬戎活跃于今陕西、甘肃一带，之所以称之为犬戎，可能是该民族的先祖以犬或狼为图腾的缘故。

他向幽王献策,这个计策就是"烽火戏诸侯"。幽王听了,觉得办法甚好,大笑说:"好! 好! 就照这么办!"

原来,西周自建国以来,就经常与西北的犬戎发生战争。历代天子为了防备犬戎入侵,特地在都城边上的骊山一带建设了很多烽火台。一旦留守的士兵发现犬戎来犯,就会点燃烽火,向镇守四方的诸侯们发出警报,请求支援。诸侯就知道京城告急,需要救援。由此来看,烽火台是保卫国家的非常重要的报警设置,但周幽王听信虢石父的教唆,竟然将它当作博褒姒一笑的工具。

这天,周幽王带着王后褒姒来到城楼上。事先,他已经派人在烽火台上燃烧起了熊熊大火。诸侯们看到火光,以为周天子有难,立刻派出大军前来救援,他们一个个跑得气喘吁吁,精疲力尽,但当他们赶到镐京城下,只看到幽王和褒姒正坐在城楼上喝酒,在他们旁边还有人正在奏乐助兴呢。

先赶来的诸侯们问幽王有什么敌情,幽王搂着褒姒说:"没有敌情,我们点起这烽火,就是为了喝酒助兴,你们都快回去吧。"

诸侯们非常愤怒,感到自己受到了愚弄,但只好命令退兵。这时仍然有一些军队不明情况,向镐京城下拥来,他们退的退,进的进,到处兵荒马乱。这时,褒姒往城墙下一看,竟嫣然一笑。

周幽王看到褒姒笑了,非常高兴,马上赏给了虢石父千金。

再说之前申后的父亲申侯,他听说幽王将自己的女儿和外孙都废掉了,生气极了。于是,他联合

◆ 知识链接 ◆

赫赫宗周,褒姒灭之

这句话选自《诗经·小雅·正月》,仅用八个字,就将西周的灭亡完全归结到褒姒身上。

▲ 郑桓公

郑国的第一个国君郑桓公为保护周幽王,在犬戎攻打镐京的战争中阵亡。

周幽王和褒姒站在高
处，看到慌乱的士兵，
感到很好笑

了缯国和犬戎，一同发兵攻打镐京。幽王见犬戎真的攻打过来了，赶忙派人去点燃烽火求救。但这一次，诸侯们仍然以为幽王是拿他们取乐呢，只来了很少的兵，于是镐京就被犬戎给攻破了，幽王偷偷逃到了骊山脚下，被杀掉了，褒姒也被掳走了，如此，周王室历年来积存下来的宝货财物也都被洗劫一空了。

古代有严格的等级制度，
帝王的车辆非常豪华

诸侯们刚反应过来这次真的是敌人来犯，急忙率兵救援，但为时已晚。诸侯看到幽王已死，便同申侯商量，拥戴幽王的儿子宜臼继承王位，就是周平王。

　　周平王担心犬戎再次进攻，就不敢再留在镐京。公元前 770 年，周平王把王都从镐京迁往了东都洛邑。因为镐京在西边，因此我们把之前的周朝称为西周，把东迁以后的周朝称为东周。

运送粮食、钱财等，所用的马车比帝王的差很多

西周贵族的生活

西周时期，贵族不仅有天子，还包括他下面的诸侯、卿、大夫。天子就是周王，天子的权力来自上天的授予。而诸侯则是由天子分封的，因此要效忠于周天子。卿和大夫由各诸侯分封，因此他们要效忠于诸侯。这样，天子与诸侯、卿、大夫各个层级之间有着天然的血缘联系与政治婚姻关系，他们既是亲戚，又是君臣，形成了周王朝等级分明的制度。

贵族的生活主要有以下这些内容：

一是宴会。在宴会上不仅有美酒、美食，还有各种音乐、诗咏、射箭等活动比赛，这是下级贵族向上级贵族表示自己敬意的好时机，可以借此来增强贵族团体之间的联系。二是战争。周朝的战争不是打仗，而更像是一种竞技，目的只是取得胜利来使对方屈服，并不是消灭对方，去夺取他的财富。战争的规模不大，因战争而死的人也不多，而且战争只有贵族阶层才有资格参加，这实际上是一种无上荣誉。平民和奴隶并没有资格参战，他们只从事战争的后勤保障工作。

那么，三千年前的周人究竟吃什么呢？其实，周人在饮食上大有讲究，甚至比我们现代人还要丰富。通常有一尊煮着鲜肉的大鼎摆在正中，贵族们

▲ 毛公鼎

商周时代，青铜器不只是生活用品，也是宗庙礼器和身份、权力的象征。据《春秋公羊传》记载，天子用九鼎，诸侯用七鼎，诸侯以下的卿大夫用五鼎，地位更低的士用三鼎或一鼎，是有严格要求的。

都用匕取下一小块，然后放在自己面前的"小火锅"里，还有一个叫做豆的青铜碗中盛放着口味不同的酱料，甜、咸、酸、辣，喜欢什么口味，就用肉蘸什么酱料，这就是西周贵族们的饮食生活。如此美味的"西周大餐"，今天的吃货们看到了一定会流口水吧！

席间不仅有各种美味，音乐自然也不能少。鼎中热着的珍馐佳肴在每个人的唇舌间飘香，再悠然地品一下手中觚（gū）里的美酒，听着耳边响起的钟鼓奏乐，偶尔再和着音律即兴唱上一曲，多么美好的生活啊。

除了优雅的音乐演奏以外，射箭、投壶、御马等丰富多彩的游戏也在贵族间流行。射箭、投壶是宴会常用的游戏，若是射不中或是投不中，就要被罚喝酒。御马则是西周贵族的必修课。若是说现代人是以开"宝马""奔驰"来象征身份的富贵，那么周人就是用真实的宝马良驹来显示地位的尊贵。西周也有着严格的马车使用等级制度，不同的身份，在不同的场合中能使用的

马车数量都不一样，马匹越多，则气场越足，地位越是不凡。

总之，西周时期是中国奴隶社会礼乐制度建设的顶峰，对中华民族传统文化影响深远，也是中国能够成为"礼仪之邦"的一个非常重要的原因。

◆ **知识链接**

五服

古代王畿的外围，每五百里为一区划，按距离远近分为五等地带，叫作"五服"。"服"，就是服务于天子。

五服分别为甸服、侯服、宾服、要服和荒服。其中，甸服，即王畿；侯服，即王朝所封诸侯；宾服，指方国服属于周朝者；要服和荒服皆为边远的少数民族。

五服都对王朝有不等的义务。

▼ **奴隶的价格**

有一件周孝王时的铜器"曶鼎"，上面记载了五个奴隶的价格与一匹马再加上一束丝的价格相等。

农夫的控诉

一个国家中贵族毕竟只是占少数，平民和奴隶的生活和贵族是不一样的。那么西周农民究竟是怎样生活的呢？由于贵族是住在城里，而城外就是广阔无边的乡野，因此农夫又被称为"野人"，区别于住在城里的"国人"。农民在周朝被控制得非常严格，国家设置了"乡""遂"等不同行政单位来管理农民。五家为一个"邻"，五个"邻"成一个"里"，四个"里"成为一个"酂"（zàn），五个"酂"则组成一个"鄙"，五个"鄙"汇成一个"县"，

五个"县"就构成了一个"遂"。他们世世代代生活在这里，一辈子都不准离开土地。

农夫们通常居住在邑里。在邑的四周都修筑着高高的围墙，或是挖下深深的壕沟。一到春天，农夫们就会被成批赶到田野中，进行耕种、管理，一直到庄稼成熟收获以后，才可以结束田野里的劳作。所谓"邑"，其实就是奴隶们劳作的集中营。奴隶们只有一个小门可以出入。每天天不亮，里长就已经坐在门的一边，邻长则是坐在门的另一边，他们共同清点要出去劳动的人数，待全部奴隶都下地了，他们才会离开邑门。晚上劳作的人收工回来，里长和邻长又会早早坐在门的两边，认真清点回来的人数，唯恐有人逃跑。即使冬天田野里没什么农活儿可干了，奴隶也不能闲下来。贵族们白天让他们去修理房屋，晚上让他们去和妇女一起搓绳，也就是他们一年都没有一点空闲。

《诗经》里有这样一首诗，叫做《七月》。这首诗生动详细地向读者描述了农夫们全年的辛酸生活，这首诗大致是这样讲述的：

一进入十一月，北风怒号，滴水成冰，冬天要来到了。农夫们却连一件能够御寒的棉衣也没有，他们都冻得瑟缩发抖，还要在田野里为老爷捉狐狸。妇女们就将猎来的狐皮缝成厚厚的皮裘送给贵族们，却只能心酸地看着在冰天雪地里自己那正在挨冻的亲人，真是好让人心痛啊！

到了十二月，穿着单薄衣服的农夫又会被赶去参加每年的狩猎活动。贵族们一个个跃马纵犬，神

▲ 天觚

觚（gū）是古代酒器，用青铜制作。

知识链接

《七月》选摘

七月流火，九月授衣。春日载阳，有鸣仓庚。女执懿筐，遵彼微行。爰求柔桑，春日迟迟。采蘩祁祁，女心伤悲，殆及公子同归。

……

五月斯螽（zhōng）动股，六月莎鸡振羽。七月在野，八月在宇。九月在户，十月蟋蟀入我床下。穹窒熏鼠，塞向墐（jìn）户，嗟我妇子，日为改岁，入此室处。

气十足。但农夫们却只得跟在后面跑，他们也学着舞刀放箭。若是运气好，打到了野猪，稍大一点的就会被老爷们抢走，只有那些非常小的小野猪崽儿，才可以归农夫们自己享用。还有的农夫冒着严寒，被命令到冰场上去凿冰，因为老爷们要留着夏天用来消暑。

他们好不容易熬过了年关，但就是在正月里，农夫们也不能休息。有的农夫开始忙着修理农具，为二月份的春播作准备；还有的则是被派到老爷的冰窖，将大块的冰拖入窖里藏好。

三月份到了，播种要开始了。监工一直在地里遛来遛去，紧密监视着正在干活的人们。而干活的农夫们连回去吃饭的时间都没有。妇女们同男人一样不得闲，她们有的在送饭，有的提着篮子去采桑养蚕，还有的不幸碰到闲得发慌的贵族家

猎人的衣着单薄，却要去参加狩猎活动

的恶少们，可就更倒霉了。

待庄稼种下后，农夫们又要卖力劳作，一直盼到八月，庄稼开始成熟。这时，农夫们先要为老爷修理场院，再将庄稼收好、运回，再接着打好、扬净，最后却全部都进入了贵族的仓库。这么辛苦劳作了一年，却没有一粒是他们的。

收完田野里的庄稼，再接着干场院里的活儿，农夫们要一直忙到十月份。但他们还没来得及喘上一口气，就又要为老爷修整房屋、酿造美酒了。而农夫自己居住的那间小屋呢，早就已经摇摇欲坠了，却没有空闲时间去修理，这怎么能挡住冬季里凛冽的寒风呢？

这首《七月》是一首描述西周初年农夫们生活的诗歌，它帮助我们全面了解周人的社会，也让我们真正看到了贵族们"钟鸣鼎食"之外的生活。

闯关小测试

1. 姜太公受封，是因为他属于（　　）

   A. 姬姓贵族　　　B. 有功之臣　　　C. 商朝贵族

2. 关于晋国和卫国，哪个说法对？（　　）

   A. 晋国姓姬，卫国姓姜

   B. 晋国和卫国都姓姬

   C. 晋国姓姜，卫国姓子

3. 西周是被哪个部族所灭？（　　）

   A. 东夷　　　B. 北狄　　　C. 犬戎

参考答案：1.B　2.B　3.C

历代帝王世系表

夏

/ 约前 2070 — 前 1600

禹

启

太康

仲康

相

少康

予

槐

芒

泄

不降

扃（jiōng）

厪（jǐn）

孔甲

皋（gāo）

发

癸（桀）

商

/ 前 1600 — 前 1046

汤

太丁

外丙

中壬

太甲

沃丁

太康

小甲

雍己

太戊

中丁

外壬

河亶甲

祖乙

祖辛

沃甲

祖丁

南庚

阳甲

盘庚

小辛

小乙

武丁

祖庚

祖甲

廪辛

康丁

武乙 （前 1147 — 前 1113）

文丁 （前 1112 — 前 1102）

帝乙 （前 1101 — 前 1076）

帝辛 （前 1075 — 前 1046）

西周

/ 前 1046 — 前 771

武王 （前 1046 — 前 1043）

成王 （前 1042 — 前 1021）

康王 （前 1020 — 前 996）

昭王 （前 995 — 前 977）

穆王 （前 976 — 前 923）

共王 （前 922 — 前 900）

懿王 （前 899 — 前 892）

孝王 （前 891 — 前 886）

夷王 （前 885 — 前 878）

厉王 （前 877 — 前 841）

共和 （前 841 — 前 828）

宣王 （前 827 — 前 782）

幽王 （前 781 — 前 771）